100

エイミーズ・ベイクショップの
焼き菓子

吉野陽美

Gakken

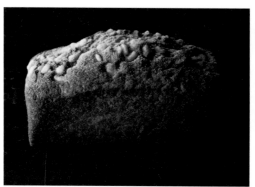

PROLOGUE

6時に起きたニューヨークでの朝は、まずは歩いてコーヒーショップへ向かいます。コーヒーと一緒に、ベイクのショーケースからお気に入りを選んでゆっくり楽しむ幸せ。行き交う人々をながめながら、新しいレシピを考えたりして過ごします。マフィンを片手に店員と立ち話する常連のお客さんの笑い声、スコーンをかじりながら手紙を書く人の姿…。ベイクのまわりには、さりげなく気分が上がる日常の景色が広がっています。

そんなベイクの力に動かされて、2010年、西荻窪にエイミーズ・ベイクショップをオープンしました。ホームスタイルのベイクの素朴さを大切にしながら、少しの繊細さをプラスして、長く愛していただける一品になるよう心がけています。

本書は、当店の味をできるだけご家庭で作っていただきやすい配合で、幅広くご紹介させていただきました。おいしく作るコツは、ひとつひとつの工程をていねいに…。ベイクの味には、作り手の思いが生きています。

ぜひ、お菓子作りを楽しんでください！

Amy's Bakeshop: AKIMI YOSHINO

CONTENTS

PART 1
愛され続けている
エイミーズ・
ベイクショップのお菓子

[お店で人気のお菓子BEST5]

[お店のベーシックアイテム]

PART 2
ずっと作り続けたい
私の好きなお菓子

この本の使い方

◎ 計量スプーンは小さじ1＝5ml、大さじ1＝15mlです。

◎ オーブンの加熱時間は目安です。機種によって多少の違いがあ
　るので、様子を見ながら加減してください。

◎ 材料表の卵は、Mサイズを使用しています。

◎ 室温とある場合は、20〜25度を設定しています。

◎ 材料表の野菜やくだものの重量（g）は、使わない皮や種などを取
　り除いた、実際に使用する量（正味量）です。

材料のこと

a. 強力全粒粉

強力粉用の小麦を丸ごと製粉したもので、粉の風味がより味わえます。この本では、スコーンやビスケットの生地に使っています。ずっしり食べごたえのある仕上がりになります。

b. 薄力粉

粘りのもととなるグルテンの含有量が少ないため、お菓子が軽く仕上がります。においを吸収しやすいので、密封して早めに使い切りましょう。

c. モラセス

甘さの中にも独特なほろ苦さを感じる糖みつ。アメリカのお菓子作りにはよく使われているものです。ダークとライトがありますが、この本ではダークを使用しています。

d. ブラウンシュガー

ブラウンシュガーとは茶色の砂糖の総称です。この本では、深いコクと風味をつけたいときに使っています。

e. グラニュー糖

水分が少ないのでさらさらしていて、適量を使えば甘みがさっぱりとします。ノーマルに甘みをつけたいときに使っています。

f. ベーキングソーダ

重曹、炭酸水素ナトリウムともいい、お菓子をふくらませるための膨張剤です。独特な風味と生地を色づける性質もあり、基本的にはオイルケーキに使っています。

g. ベーキングパウダー

こちらも膨張剤で、均一にふくらむ性質があり、ふっくらと仕上げたいときに使います。湿気やすいので、冷凍室で保存するのがおすすめです。

卵

この本ではMサイズのものを使用しています。できるだけ新鮮なものを選んでください。使う前に冷蔵室から出し、室温に戻しておきます。

バター

食塩を含む一般的なものではなく、この本で使用しているものはすべて「食塩不使用」のものです。食塩を含むものを使うと、仕上がりの味が変わってしまいます。

生クリーム

この本では動物性の乳脂肪分が41%のものを使っています。植物性のものや乳脂肪分が低いものは仕上がりが変わってしまうので、41%前後のものを選んでください。

サワークリーム

生クリームに乳酸菌を加えて発酵させたもので、焼き菓子の生地に加えると、独特なしっとりとした焼き上がりになります。

アーモンドパウダー

アーモンドプードルともいい、アーモンドを粉末状に加工したもの。焼き菓子に使うと、香ばしい風味やコクがつき、しっとりとした生地に焼き上がります。

型のこと

マフィン型

直径7cm、高さ4cmのものを使用しています。耐熱性のプリン型でも代用できますが、クランブルをこんもりとのせるようなものはこぼれやすく、むずかしいかもしれません。

セルクル型

直径7cmのもの(8号)をビスケットを作るときに使用します。なければ、同じくらいの口径のコップでも代用できます。生地を抜くときは、打ち粉をつけるときれいに抜けます。

パウンド型

レモンポピーシードケーキ(P.17)などのパウンドケーキやブレッドを焼くときに、18×8×8cmのものを使用。中にオーブンシートを敷いて(P.17参照)生地を流します。

角型

20×20×4.5cmのものを使用しています。オーブンシートはケーキによって、帯状に敷くとき(P.52参照)と、底から側面の立ち上がり全体に敷くとき(P.67参照)があります。

丸型

直径18cmの底がはずれるタイプを、主にチーズケーキに使用。底を押し出して型から抜くことができて便利ですが、湯せん焼きのときは型に湯が入らないようにアルミホイルで覆います。

ブント型

アメリカではポピュラーなリング状の型です。バント型ともいいます。この本では直径20cmのものを使用しています。なければ、直径17cmのシフォン型で代用してください。

シフォン型

シフォンケーキの型ですが、この本ではリング状のケーキを焼く型として直径17cmのものを使用します。ケーキを冷ますときは、シフォンケーキのように逆さにしなくてOK。

オーバル型

シリコン製の、7×5cmのものをインゴットケーキ(P.91)に使用。シリコン製はやわらかく、型抜きしやすいので便利。なければ、直径6cmのベーキングカップ(写真右)で代用を。

[便利な道具]

ハンドミキサー

電動式なので力が必要なく、手早く混ぜられるので、やはり便利です。高速と低速を使い分けるのがポイントです。

パレットナイフ・
L字パレットナイフ

お菓子を型から出したり、生地を平らにならしたり、クリームをぬるときに。せまい範囲に使用するときは、小さいサイズがおすすめ。

ディッシャー

マフィン生地を型に入れるときに使うと、簡単に等分に入れられます。18号サイズを使用していますが、さらに小さい28号もあると、便利です。

スライサー (シュレッダー)

野菜などをおろすのに、4面のチーズおろしを使っています。面によって穴の大きさがさまざまで、せん切りやすりおろしなどがこれひとつでできるすぐれものです。

ベイク作りのポイント

POINT 1

分量は正確にはかります

お菓子作りに目分量は禁物です。材料の分量を正確にはかってから作りましょう。デジタル表示のはかりがあると細かく、正確にはかれて便利です。粉類を大さじ（または小さじ）ではかるときは、計量スプーンで山盛りにすくってから、スプーンの柄などで平らにすりきります。

POINT 2

油分と水分はしっかり乳化させます

バターなどの油分と卵などの水分は混ざりにくいので、しっかり混ぜて乳化させます。まず、バターと卵は室温に戻しておきます。混ぜるときは、ハンドミキサーの場合は低速で、羽根をボウルの底から離さず、大きくゆっくり動かします。泡立て器の場合は、卵は何回かに分けて加え、手早く混ぜるのがコツ。マヨネーズのようになめらかな状態になったら、乳化した合図です。

ゴムべらで生地を集めながら混ぜましょう

ハンドミキサーや泡立て器で生地を混ぜていると、ボウルの側面に生地が飛び散るので、ときどきゴムべらで生地を集めながら混ぜてください。

> ▶ **ナッツのから焼きについて**
>
> ナッツはから焼きすると、香ばしさや風味が増します。方法は、天板に並べて150度のオーブンで10分ほど焼きます。または、フライパンで油をひかずに弱火で炒ってもいいです。

POINT 3

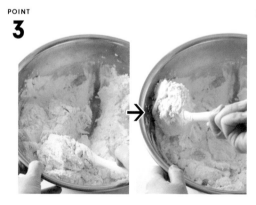

粉を加えたら、すくい混ぜます

マフィンやブレッド、パウンドケーキなどは、粉を加えたらぐるぐると混ぜすぎないようにしてください。混ぜすぎると、粉のグルテンが出て焼き上がりが固くなります。ゴムべらで底から返すようにさっくりと混ぜる「すくい混ぜ」がコツ。ボウルを回しながら混ぜると、手早くムラなく混ぜられます。

POINT 4

粉の分量が多い生地は「すり混ぜ」を

クッキーなど、粉の分量が多く重い生地を混ぜるときは、ゴムべらですりこむように混ぜます。粉を加え、粉っぽさがなくなるまで混ぜたあと、まとまりのないポロポロの生地をすり混ぜることで、なめらかなツヤのある生地にまとめ上げることができます。焼き上がりにさっくりとした食感が生まれます。

POINT 5

最後にハンドミキサーでツヤを出します

粉を加え、粉っぽさがなくなるまでゴムべらで混ぜたあと、仕上げにハンドミキサーの低速で30秒ほど混ぜます。こうすると、全体がさらになじんでツヤが出てきます。これで、生地が完成です。混ぜすぎると固い仕上がりになってしまうので、「低速」で「さっと」がポイントです。

ベイクカタログ

クイックブレッド
QUICK BREAD »

イーストで発酵させたパンに対して、ベーキングパウダーなどでふくらませたパンやお菓子のこと。ブレッドといっても甘みがあり、日本ではお菓子に当たるものも多いです。

MUFFIN
マフィン

ブルーベリーを使ったものが王道ですが、バリエーションは豊富です。当店では、ベースの生地に使う油脂は、バターとオイルで使い分けています。

SCONE
スコーン

パン感覚で気軽に食べられるのがアメリカンスタイル。当店のスコーンは外側がクリスピーで内側がしっとりとした食感が特徴で、プレーンが人気です。

BISCUIT
ビスケット

生地に生クリームを加える「クリームビスケット」がベースです。スコーンよりも甘さひかえめで、サクッと軽い口当たり。温かくして、メープルシロップをかけたり、具材などをサンドして。

BREAD　**ブレッド**

代表的なものは、バナナブレッド。クセのない素朴な味わいが特徴で、ズッキーニブレッドやジンジャーブレッドなども王道として親しまれています。

CORN BREAD　**コーンブレッド**

小麦粉のほかにコーンミールやコーンフラワーを加えたもの。普通はバターを使わないので、素朴な食感が持ち味ですが、当店ではバターなどを加え、リッチに仕上げています。

トレイベイク
TRAY BAKE »

トレイ（浅めの四角い型や天板）を使って焼くお菓子のことです。生地の厚みが薄いので、焼き時間が短く、手軽に作れるのが魅力です。

BROWNIE
ブラウニー

トレイベイクの代表格です。濃厚で、ねっちりとしたファッジタイプが、いかにもアメリカン。当店では、食感のアクセントにナッツやカカオニブを混ぜこみます。

SQUARE
スクエア

角型で焼き、食べやすくカットしたもので、「バー」とも呼ばれます。この本では、ブラウニー以外のレモンスクエア、アップルクランブル、アップサイドダウンなどを紹介しています。

COOKIE
クッキー

天板で焼くクッキーも、トレイベイクの仲間になるでしょう。ニューヨークのいたる所で見かけるチューイクッキーは、中がしっとりやわらかく、ビッグサイズなのが特徴です。

ケーキ
CAKE »

クイックブレッド、トレイベイク以外のベイクはここに分類。パウンド型やブント型、マフィン型、丸型などいろいろな型で焼いているので、味のほかに見た目の変化もつけられます。

POUND CAKE
パウンドケーキ

パウンド型と呼ばれる、長方形の型で焼いたケーキ。スパイシーな味わいのキャロットケーキは、トップにチーズフロスティングをのせて。現地では人気のお菓子のひとつです。

BUNDT CAKE
ブントケーキ

アメリカではおなじみのブント型（リング状の型）で焼いたケーキで、ニューヨークのあちらこちらで見かけます。素朴なベイクが華やかに仕上がり、贈り物にも重宝します。

CUPCAKE
カップケーキ

マフィン型で焼いたケーキ。マフィンとは違い、バタークリームやフロスティングでデコレーションするのが一般的です。

CHEESECAKE
チーズケーキ

最もポピュラーなのは「ニューヨークチーズケーキ」で、移住した東欧人から広まったといわれています。湯せん焼きをして、特徴的な濃厚さとなめらかさを出しています。

ベイクの日持ち	▶マフィン、ブレッド、コーンブレッド、スコーン、ビスケット：常温で4日間 ▶クッキー、ショートブレッド：常温で3週間　▶チーズケーキ、カップケーキ：冷蔵で4日間 ▶パウンドケーキ、ブントケーキ、ブラウニー、スクエア：常温で1週間、冷蔵で2～3週間 （日持ちの日数は目安です。ケーキ類の食べ頃は1日寝かせた翌日以降がおすすめです。）

PART 1

Amy's Bakeshop
BEST SELECTION

愛され続けている
エイミーズ・ベイクショップのお菓子

01

お店で人気の焼き菓子を一挙に紹介します。
レモンポピーシードケーキやキャロットケーキなど
トップクラスの人気を誇る5つのベイクをはじめ、
マフィン、チーズケーキなど定番アイテムを集めました。

SPECIALTY RECIPES

[お店で人気のお菓子BEST5]

BEST
1

LEMON POPPYSEED CAKE

レモンポピーシードケーキ
LEMON POPPYSEED CAKE

レモンの酸味とポピーシード（けしの実）の食感を楽しむケーキは、アメリカンベイクの定番。
エイミーズではしっとり焼き上げるのが特徴で、開店当時からのロングセラーです。
はじめは生地のみのシンプルなケーキでしたが、フィリングを入れたり、
アイシングをプラスしたりと、見た目も華やかに進化してきました。

材料（18×8×8㎝のパウンド型1台分）

バター（食塩不使用）…85ｇ
グラニュー糖…150ｇ
卵…2個
A ｜ 薄力粉…180ｇ
　　｜ ベーキングパウダー…小さじ1/2
　　｜ ベーキングソーダー…小さじ1/2
　　｜ 塩…ひとつまみ
B ｜ 牛乳…50ｇ
　　｜ プレーンヨーグルト…50ｇ
C ｜ ポピーシード…20ｇ
　　｜ レモン汁…45ｇ
［チーズフィリング］
クリームチーズ…75ｇ
グラニュー糖…15ｇ
生クリーム…5ｇ
［レモンアイシング］
粉糖…80ｇ
レモン汁…10ｇ

《下準備》

◆ バター、クリームチーズは室温においてやわらかくする。
◆ Aは合わせてふるう（生地に加えるときにふるい入れてもよい）。Bは混ぜて室温に戻す。
◆ チーズフィリングを作る。ボウルにクリームチーズ、グラニュー糖を入れてゴムべらでツヤが出るまですり混ぜ、生クリームを加え混ぜる（写真a）。絞り袋に入れ、先端を2㎝ほど切る。
◆ 型にオーブンシートを敷き（写真b）、オーブンを180度に温める。

1 ボウルにバター、グラニュー糖を入れ、ハンドミキサーの高速で白っぽくなるまでよく混ぜる。

2 卵を2回に分けて加え、そのつどハンドミキサーの低速で混ぜ、生地を白っぽくなるまで乳化させる。

3 Aの半量を加え、ゴムべらに替えてすくい混ぜる。

4 粉っぽさが残った状態でBを加え、軽くすくい混ぜる。

5 残りのAを加えてすくい混ぜ、粉っぽさが残っている状態でCを加え、全体がなじむ程度に混ぜる。

6 型に5を1/3量入れて表面を平らにならし、フィリングを2本絞る。残りの5を入れて平らにならし、型の底を台に軽く落として生地を全体に行き渡らせる。180度のオーブンに入れ、50分焼く。

7 型に入れたまま完全に冷まし、型から取り出す（冷蔵室で保存する場合は、写真のようにラップでぴっちりと包む）。

8 レモンアイシングを作る。ボウルにすべての材料を入れ、ゴムべらでなめらかになるまで混ぜる。7の上面に塗る。

レモンポピーシードケーキ (P.17) の

VARIATION RECIPE

LEMON POPPYSEED CUPCAKES
レモンポピーシードカップケーキ

マフィン型で焼き、上にフロスティングをたっぷりと絞ります。
ケーキは焼き上がりの表面が、ぷくっとふくらんでいたら大成功。
粉を加えたあと混ぜすぎると焼き上がりがフラットになり、固い仕上がりに。

材料（直径7cmのマフィン型6個分）

[ケーキ]
バター（食塩不使用）…55g
サラダ油…10g
グラニュー糖…100g
卵…1個
A｜薄力粉…120g
　｜ベーキングパウダー…小さじ1/4
　｜ベーキングソーダ…小さじ1/4
　｜塩…ひとつまみ
B｜牛乳…35g
　｜プレーンヨーグルト…35g
ポピーシード…15g
レモン汁…30g

[チーズフロスティング]
クリームチーズ…200g
グラニュー糖…80g
生クリーム…40g
サワークリーム…180g
バター（食塩不使用）…10g

レモンの皮のすりおろし
　（飾り用）…適量

POINT

生地の粉けが残っている状態でポピーシードとレモン汁を加える。ポピーシードはけしの実のことで、プチプチと楽しい食感。

フロスティングはこのようにツノが立ったら、バターを混ぜる。混ぜすぎは固い仕上がりになるので注意。

フロスティングはケーキの上から手を動かさずに一定の力で絞り、最後は力を抜いて手前に引く。

《下準備》
◆ ケーキとフロスティングのバター、クリームチーズは、それぞれ室温においてやわらかくする。
◆ フロスティングの生クリームとサワークリームは、直前まで冷蔵室で冷やす。
◆ Aは合わせてふるい、Bは混ぜて室温に戻す。
◆ 型に専用のグラシンカップを敷き、オーブンを180度に温める。

1 ケーキを作る。ボウルにバター、サラダ油、グラニュー糖を入れ、ハンドミキサーの高速で白っぽくなる手前（黄色味が残った状態）まで混ぜる。卵を溶きほぐし、2回に分けて加え、そのつど低速でよく混ぜる。
2 Aの半量を加え、ゴムべらに替えてすくい混ぜ、粉っぽさが残った状態でBを加え、2回ほどすくい混ぜる。残りのAを加え、すくい混ぜる。
3 少し粉っぽさが残っている状態でポピーシード、レモン汁を加え、粉っぽさがなくなるまですくい混ぜる。
4 ディッシャーで3をすくって1杯ずつ型に入れ、残った生地を均等に入れる。
5 180度のオーブンに入れ、20分焼く。型に入れたまま完全に冷ます。
6 フロスティングを作る。ボウルにクリームチーズ、グラニュー糖を入れ、ゴムべらですり混ぜてからハンドミキサーの高速でダマがなくなるまで混ぜる。生クリーム、サワークリームを順に加えてそのつど混ぜ、ツノが立ったらバターを加え、ツヤが出るまで混ぜる。
7 直径2cmの丸口金をつけた絞り袋に6を入れ、型から取り出した5に絞る。ケーキの部分を持ち、トントンと底を台に軽く落としてフロスティングの形を整え、レモンの皮を飾る。

【 MEMO 】
すぐに食べない場合は、冷蔵室で保存する。

Amy's Bakeshop
SPECIALTY RECIPES

BEST
2

BLUECHEESE &
FIG & SALT MUFFINS

ブルーチーズ＆フィグ＆ソルトマフィン
BLUECHEESE & FIG & SALT MUFFINS

いちじくとブルーチーズをふんだんに使ったリッチなマフィン。ブルーチーズは
マイルドなものを使い、独特な風味が苦手な方にも食べやすくしています。
食べたときに一体感が出るよう、生地と具材を層にして型に入れています。

材料（直径7cmのマフィン型6個分）

[マフィン生地]
バター（食塩不使用）…70g
A｜サワークリーム…40g
　｜生クリーム、牛乳…各20g
卵…1と1/2個
グラニュー糖…130g
B｜薄力粉…175g
　｜ベーキングパウダー…小さじ2
　｜塩…ひとつまみ

いちじく（セミドライ）…6個
ブルーチーズ…80g
[アーモンドクリーム]
（作りやすい分量）
バター（食塩不使用）…50g
グラニュー糖…40g
溶き卵…1/2個分
薄力粉…35g
アーモンドパウダー…35g
[ソルトクランブル]
（作りやすい分量）
薄力粉…40g
グラニュー糖…60g
バター（食塩不使用）…30g
塩…大さじ1/2

【MEMO】━━━━━━━━
● アーモンドクリームは約1週間冷蔵保存可
　能。タルトのフィリングなどに使っても。

● ソルトクランブルは冷凍できるので、多め
　に作って保存しておくと便利。

《**下準備**》
◆ 生地とアーモンドクリーム、ソルトクランブルのバターは室温においてやわらかくする。
◆ Aは混ぜて室温に戻し、Bは合わせてふるう。
◆ アーモンドクリームを作る。ボウルに材料を順に入れ、そのつどゴムべらでよくすり混ぜ、
　ラップをかけて冷蔵室に入れておく。
◆ いちじくは3〜4等分に切り、ブルーチーズは1cmほどのダイス状にくずしておく。
◆ 型に専用のグラシンカップを敷き、オーブンを180度に温める。

ソルトクランブルを作る。ボウルにすべての材料を入れ、手ですり合わせて大きめのそぼろ状にする。冷凍室に30分ほど入れ、使う前に細かくほぐす。

マフィン生地を作る。ボウルにバターを入れ、ハンドミキサーの高速で軽く混ぜる。Aを2回に分けて加え、そのつどなめらかになるまで混ぜる。

別のボウルに卵とグラニュー糖を入れ、ハンドミキサーの高速でツヤが出るまで混ぜる。

2に**3**を加え、ハンドミキサーの低速で混ぜる。ツヤが出て、もこもことしたらOK。

Bを加え、ゴムべらに替えてすくい混ぜ、粉っぽさがなくなったらハンドミキサーの低速でツヤが出るまで30秒ほど混ぜる。

ブルーチーズを加え、ゴムべらで軽く混ぜる。

型に**6**をディッシャーで1杯分ずつ入れ、アーモンドクリームを約大さじ1/2ずつのせ、いちじくを等分に入れる。さらに**6**を1杯分、クリームを約大さじ1/2ずつのせ、残りの**6**を等分に入れる。

1のクランブルを約大さじ1ずつのせ、軽く押さえる。180度のオーブンに入れ、30分焼く。型に入れたまま完全に冷ます。

Muffin
- Lemon & Cust
マフィン（レモン＆カス
＜日持ち：常温4日

Muffin
- Bluecheese & Fig & Salt -
マフィン（ブルーチーズ＆フィグ＆ソルト）
＜日持ち：常温4日＞

Muffin
- Berry & Berry -
マフィン（ベリー＆ベリー）

BEST
3

CARROT
CAKE

キャロットケーキ
CARROT CAKE

BEST 3

にんじんやナッツのほか、パイナップルやレーズン、ココナッツをたっぷり加えます。
オープン当初は日本ではめずらしいお菓子でしたが、現地の味を再現しながらも、
パサつきをおさえ、日本人好みのしっとりとした口当たりに仕上げています。

材料（18×8×8cmのパウンド型1台分）

サラダ油…100g
卵…2個
ブラウンシュガー…90g
A｜牛乳…30g
　｜プレーンヨーグルト…30g
B｜薄力粉…130g
　｜ベーキングパウダー…小さじ1
　｜ベーキングソーダ…小さじ1/2
　｜シナモンパウダー…小さじ1
　｜ナツメグパウダー…小さじ1/2
　｜ジンジャーパウダー…小さじ1/4
　｜塩…ひとつまみ
C｜にんじん…80g
　｜パイナップル（缶詰）…2枚
　｜レーズン…40g
　｜ココナッツロング…20g
　｜くるみ…25g
［チーズフロスティング］
クリームチーズ…130g
グラニュー糖…20g
生クリーム…5g

《下準備》

◆ クリームチーズは室温においてやわら
　かくする。
◆ Cのくるみはから焼きし（P.12）、粗く
　砕く。
◆ Cのにんじんはスライサーなどでせん切
　りにし、パイナップルは5mm角に切る。
◆ ブラウンシュガー、Bはそれぞれふるい、
　Aは混ぜて室温に戻す。
◆ 型にオーブンシートを敷き（P.17）、オー
　ブンを180度に温める。

ボウルにサラダ油、卵を入れ、泡立て器で少しとろりとしてなじむまでしっかりとすり混ぜる（なかなかなじまない場合は、10分ほどおいてから混ぜるとよい）。

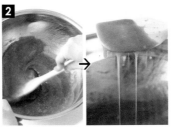

ブラウンシュガーを加えてゴムべらに替え、右の写真のように少し粘りが出てくるまで混ぜ、Aを加え、軽く混ぜる。

Bを加え、すくい混ぜる。

少し粉っぽさが残っている状態でCを加え、粉っぽさがなくなり、少し粘りが出てくるまですくい混ぜる。

型に流し入れ、型の底を台に軽く落とす。180度のオーブンに入れ、50分焼く。型に入れたまま完全に冷ます。

フロスティングを作る。ボウルにクリームチーズ、グラニュー糖を入れてゴムべらでツヤが出るまですり混ぜ、生クリームを加え混ぜる。

取り出した5に6をのせ、L字パレットなどでのばしながらならす。

空気が入らないようにラップでぴっちりと包み、フロスティングの部分を手でなでて形を整える。冷蔵室に3時間ほど入れて冷やす。

SPECIAL CARROT CAKE

特別な日のキャロットケーキ

キャロットケーキをシフォン型で焼き、
チーズフロスティングでデコレーション。
仕上げにリボンを巻くと、ぐんと華やかになります。

材料（直径17cmのシフォン型1台分）
キャロットケーキの生地(P.25)…全量
[チーズフロスティング]
クリームチーズ…200g
グラニュー糖…80g
生クリーム…40g
サワークリーム…180g
バター(食塩不使用)…10g

ピーカンナッツ(飾り用)…約8個

《**下準備**》
◆ キャロットケーキの生地の下準備と同じ(型にオーブンシートは敷かない)。
◆ ピーカンナッツはから焼きする(P.12)。
◆ フロスティングのクリームチーズ、バターは、それぞれ室温においてやわらかくする。
◆ 生クリームとサワークリームは直前まで冷蔵室で冷やす。
◆ 型に室温に戻したバター適量(分量外)をハケでぬり、薄力粉適量(分量外)を茶こしでふり、余分な粉をはたく(P.35参照)。

1 キャロットケーキの作り方**1〜4**(P.25)の要領で生地を作る。
2 型に入れてゴムべらで平らにならす。180度のオーブンに入れ、40分焼く。型に入れたまま完全に冷まし、取り出す(右記参照)。
3 レモンポピーシードカップケーキの作り方**6**(P.19)の要領でチーズフロスティングを作る。
4 直径2cmの丸口金をつけた絞り袋に**3**を入れ、ケーキに絞り、ピーカンナッツをのせる。ケーキのまわりにリボンを巻き、巻き終わりはテープで留める。

POINT

完全に冷めたら、底を上にして置いたコップの上に型をのせ、側面を下に落としてはずしてから、底の部分もはずす。

フロスティングは、レモンポピーシードカップケーキのときと同じ要領で絞り出し、それを何回かくり返す。

Amy's Bakeshop
SPECIALTY RECIPES
—

BEST
4

AMERICAN CHEWY COOKIES

アメリカンチューイクッキー
AMERICAN CHEWY COOKIES

看板商品の一つがチューイクッキー。中がしっとりやわらかく、くるみやチョコがぎっしりで、
いかにもアメリカらしいビッグサイズがスタンダード。
満足感があり、チョコチャンクのゴロッとした食感もポイントです。

材料（6個分）

A ┌ バター（食塩不使用）…110g
　├ グラニュー糖…100g
　├ ブラウンシュガー…20g
　└ モラセス（P.10）…15g
卵…1個
B ┌ 薄力粉…190g
　├ ベーキングソーダ
　│　…小さじ1/2
　├ シナモンパウダー…小さじ1
　└ 塩…ひとつまみ
C ┌ チョコチャンク（焼成用）
　│　…100g
　├ チョコチップ（焼成用）…70g
　└ くるみ…60g

《下準備》

◆ バターは室温においてやわらかく
　する。
◆ くるみはから焼きし（P.12）、粗く
　砕く。
◆ Bは合わせてふるう。
◆ オーブンは170度に温める。

チョコチャンク（上）チョコチップ（下）
チョコチャンクは1cm角程度にカット
されたもので、チョコチップはチャンク
よりも小さい粒。どちらも熱で溶けに
くいタイプを選んで。

1 ボウルにAを入れ、ハンドミキサーの高速で白っぽくなるまで混ぜる。

2 卵を割り入れ、さらによく混ぜる。

3 Bを加え、ゴムべらに替えて何回かすくい混ぜてからすり混ぜる。粉っぽさがなくなったらハンドミキサーの低速で30秒ほど混ぜる。

4 Cを加え、ゴムべらですくい混ぜる。

5 4をディッシャーで山盛りにすくって天板に落とし（生地と生地のすき間は充分にあける）、もう一度生地をすくって上にのせ、ギュッと押しつぶす。これを全部で6個作る。

6 170度のオーブンに入れ、15分焼く。天板にのせたまま10分ほど冷まし、網の上に移して完全に冷ます。

【MEMO】
2回に分けて焼くときは、残りの生地はボウルに
入れたままにして冷蔵室に入れておく。

SPECIALTY RECIPES

—

BEST
5

BUTTER CAKE

バターケーキ
BUTTER CAKE

バターをリッチに配合。口に運ぶと、ふわりとバターの香りが漂います。
シンプルな中にアメリカンベイキングとフランス菓子のよさを融合しました。
パールシュガーをトッピングし、食感にアクセントをつけます。

材料（18×8×8cmのパウンド型1台分）

バター（食塩不使用）…200g
グラニュー糖…130g
卵…2と1/2個
バニラエクストラクト（P.102）…小さじ1/2
A 薄力粉…150g
　 ベーキングパウダー…小さじ1と1/4
　 塩…小さじ1/4
牛乳…50g
パールシュガー…適量
粉糖（仕上げ用）…適量

《下準備》

◆ バターは室温においてやわらかくする。
◆ Aは合わせてふるう。
◆ 型にオーブンシートを敷き（P.17）、オーブンを170度に温める。

パールシュガー
粒の大きい砂糖で、ベルギーワッフルに使うので「ワッフルシュガー」とも呼ばれる。熱に溶けにくく、焼いてもカリカリとした食感が楽しめる。

【MEMO】
バニラエクストラクトがない場合は、加えなくてよい。

1 ボウルにバター、グラニュー糖を入れ、ハンドミキサーの高速で白っぽくなるまで混ぜる。
2 卵とバニラエクストラクトを2回に分けて加え、そのつどハンドミキサーの低速で混ぜ、生地を白っぽくなるまで乳化させる。
3 Aを入れ、ゴムべらに替えてすくい混ぜる。
4 粉っぽさが消えるくらいまで混ぜたら、牛乳を加え、ツヤが出るまでよく混ぜる。
5 型に**4**を入れて表面を平らにならし、型の底を台に軽く落として生地を全体に行き渡らせる。パールシュガーをのせ、170度のオーブンに入れて55分焼く。型に入れたまま完全に冷ます。
6 型から取り出し、茶こしで仕上げ用の粉糖をかける。

バターケーキ (P.31) の

VARIATION RECIPE

SALT CHOCOLATE FLAKE CAKE

ソルトチョコレートフレークケーキ

バターケーキのリッチさは残しつつ、
チョコレートと塩を生地にミックスして甘じょっぱい味に。
甘さが苦手な人でも食べやすいベイクです。

材料（18×8×8㎝のパウンド型1台分）

バター（食塩不使用）…185ℊ
グラニュー糖…120ℊ
卵…2個
A｜薄力粉…135ℊ
　｜ベーキングパウダー…小さじ1
　｜塩…小さじ1/2
牛乳…50ℊ
チョコレート（焼成用）…100ℊ

《下準備》

◆ バターは室温においてやわらかくする。
◆ Aは合わせてふるう。
◆ チョコレートはフレーク状に刻む（またはチョコレートチップを使用してもよい）。
◆ 型にオーブンシートを敷き（P.17）、オーブンを170度に温める。

1 バターケーキの作り方**1〜4**（P.31）の要領で、バターとグラニュー糖をハンドミキサーで混ぜ、卵（バニラエクストラクトは加えない）を2回に分けて加えては混ぜ、生地を乳化させる。A、牛乳の順に加え、そのつどゴムべらで混ぜる。

2 フレーク状にしたチョコレートを加え、ゴムべらでよく混ぜる。

3 バターケーキの作り方**5**（P.31）の要領で、**2**を型に入れ（パールシュガーはのせない）、170度のオーブンで55分焼き、型に入れたまま完全に冷ます。

SALT
CHOCOLATE
FLAKE CAKE

INGOT CAKES
(P.91)

Amy's Bakeshop

BASIC RECIPES

[お店のベーシックアイテム]

マロンケーキ

MARRON CAKE

フランス菓子の要素を盛りこんだマロンケーキもお店のロングセラー。
生地にサワークリームを加えることで、独特のしっとり感が生まれます。
マロングラッセは、ほくほくした和栗より、
フランス産の栗を使ったものを選ぶと、お店の味により近づきます。

材料（直径20cmのブント型1台分）

バター（食塩不使用）…150g
ブラウンシュガー…120g
卵…2個
バニラエクストラクト（P.102）…小さじ1/2
A｜薄力粉…110g
　｜アーモンドパウダー…50g
　｜ベーキングパウダー…小さじ1/2
　｜ベーキングソーダ…小さじ1/4
　｜シナモンパウダー…小さじ1
サワークリーム…100g
ラム酒…10g
マロングラッセ…250g

1　ボウルにバター、ブラウンシュガーを入れ、ハンドミキサーの高速で白っぽくなるまで混ぜる。

2　卵とバニラエクストラクトを2回に分けて加え、そのつどハンドミキサーの低速で混ぜ、生地を白っぽくなるまで乳化させる。

3　Aの半量を加え、ゴムべらに替えてすくい混ぜる。粉っぽさがなくなったら、サワークリームとラム酒を加え、さらによく混ぜる。

4　残りのAを加えてツヤが出るまでよく混ぜる。マロングラッセを加え、さらによく混ぜる。

5　型に**4**をゴムべらで入れ、平らにならし、すみずみまで生地を行き渡らせる。型の底を台に軽く落とす。180度のオーブンに入れ、35分焼く。型に入れたまま完全に冷ます。

《**下準備**》

◆ バターとサワークリームは室温においてやわらかくする。

◆ Aは合わせてふるう。

◆ 型に室温に戻したバター適量（分量外）をハケでぬり、薄力粉適量（分量外）を茶こしでふり（写真）、余分な粉をはたく。

◆ オーブンを180度に温める。

【MEMO】

● バニラエクストラクトがない場合は、加えなくてよい。

● 生地の入れ方、型から出す方法は、P.51参照。

ニューヨークチーズケーキ

NY CHEESECAKE

エイミーズでは焼き色をつけず、レアチーズケーキのように白く仕上げるのが特徴。
クリームチーズやサワークリームをベースに蒸し焼きにすることで
しっとりなめらかな口どけと、まったりとしたチーズの存在感を楽しめます。
しっとりしたケーキの部分を存分に楽しめるよう、クラストは敷かずに作ります。

材料（直径18㎝の底がはずれる
　　　丸型1台分）

クリームチーズ…560g
A｜グラニュー糖…125g
　｜コーンスターチ…小さじ2
B｜卵…2個
　｜バニラエクストラクト
　｜（P.102）…小さじ1
C｜サワークリーム…40g
　｜生クリーム…40g

《下準備》

◆ クリームチーズとサワークリームは室
温においてやわらかくする。
◆ A、Bはそれぞれ混ぜる。
◆ Cはゴムべらでしっかり混ぜてなじま
せる。
◆ オーブンを150度に温める。

【MEMO】
バニラエクストラクトがない場合は、加えな
くてよい。

1 ボウルにクリームチーズを入れてゴムべらで練り混ぜる。Aを2回に分けて加え、そのつどハンドミキサーの羽根をボウルの底につけたまま、ツヤが出るまで低速で混ぜる（ダマを作らないように注意）。

2 Bを2回に分けて加え、そのつどハンドミキサーの低速で全体がなじむまで混ぜる。

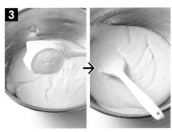

3 Cを加えてハンドミキサーの低速で混ぜ、完全に混ざる手前でゴムべらに替えて混ぜ、なじませる。ボウルの底を台に軽く落とし、空気を抜く。

4 型に流し入れ、表面を平らにならし、型に湯が入りこまないように型の底部分をアルミホイル2枚で二重に包みこむ。

5 天板に**4**をのせ、60～70度くらいの湯を型の底から1～2㎝高さまで入れ、150度のオーブンで55分焼く（途中、焼き色がついてきたらアルミホイルをかぶせる）。

6 オーブンのスイッチを切り、オーブンに入れたまま20分ほどおいて蒸らす。取り出し、型のまま完全に冷ます。型からはずし、ラップでぴっちりと包んで冷蔵室で冷やす。

レモングレーズケーキ
LEMON GLAZE CAKE

バターケーキがベースのリッチな配合で、
レモンフレーバーのしっとりケーキに、レモングレーズをたっぷりと。
レモン好きにはたまらない、甘酸っぱくてさわやかなパウンドケーキです。

材料（18×8×8cmのパウンド型1台分）

バター（食塩不使用）…200g
グラニュー糖…130g
卵…2個
A｜レモンの皮のすりおろし…10g
　｜レモン汁…25g
　｜コアントロー…25g
B｜薄力粉…150g
　｜ベーキングパウダー…小さじ1
　｜塩…ひとつまみ
C｜レモン汁…15g
　｜ガムシロップ…15g
[レモングレーズ]
粉糖…60g
レモン汁…15g

1　ボウルにバター、グラニュー糖を入れ、ハンドミキサーの高速でふわふわに
　　なるまで混ぜる。卵を2回に分けて加え、ハンドミキサーの低速で混ぜる。
　　もこもことしたらOK。
2　Aを加え、さらによく混ぜる（Aはしっかり室温に戻しておかないと、混ぜ
　　たときに分離しやすいので注意）。
3　Bを加え、ゴムべらに替えてすくい混ぜ、粉っぽさがなくなったらハンドミ
　　キサーの低速で30秒ほど混ぜる。
4　型に入れ、平らにならして型の底を台に軽く落とす。170度のオーブンに
　　入れ、55分焼く。焼き上がったら熱いうちに混ぜたCをかけ、型に入れた
　　まま完全に冷ます。
5　レモングレーズを作る。ボウルに粉糖とレモン汁を入れ、ゴムべらで混ぜる。
6　**4**を型から出し、オーブンシートを敷いた天板にのせ、**5**をハケでぬる。オー
　　ブンの温度を160度に下げて1分ほど焼き、冷ます。

《下準備》

◆ バターは室温においてやわらかくする。
◆ Aは混ぜ、室温に戻す。
◆ Bは合わせてふるう。
◆ 型にオーブンシートを敷き（P.17）、オー
　ブンを170度に温める。

POINT

ケーキが焼けた
ら、熱々のうちに
上部全体にシ
ロップをかける。
熱いうちのほう
が、シロップがし
みこみやすい。

底を除いた全体
に、レモングレー
ズをハケでたっ
ぷりとぬる。この
あと1分ほど軽
くオーブンで焼
いて乾燥させる。

バナナブレッド
BANANA BREAD

クセのない素朴な味わいが人気のバナナブレッド。一般的なものよりリッチな配合です。
はじめにバター、ブラウンシュガー、モラセスを混ぜるときに
白っぽくなるまで少し時間がかかりますが、あせらず念入りに混ぜるのがコツです。

材料（18×8×8㎝のパウンド型1台分）

バター（食塩不使用）…75 g
ブラウンシュガー…120 g
モラセス（P.10）…10 g
卵…1個
A 薄力粉…150 g
　アーモンドパウダー…15 g
　ベーキングソーダ…小さじ1
　ベーキングパウダー
　　…小さじ1/4
　シナモンパウダー…小さじ1
　塩…ひとつまみ
B バナナ…230 g
　ラム酒…10 g
くるみ…30 g
バナナ（トッピング用）…約2/3本分
粉糖（仕上げ用）…適量

《下準備》

◆ バターは室温においてやわらかくする。
◆ くるみはから焼きし（P.12）、粗く砕く。
◆ Aは合わせてふるう。
◆ Bのバナナはマッシャーなどでつぶし（写真）、ラム酒を混ぜる。
◆ トッピング用のバナナは7㎜幅の輪切りにする。
◆ 型にオーブンシートを敷き（P.17）、オーブンを180度に温める。

1 ボウルにバター、ブラウンシュガー、モラセスを入れ、ハンドミキサーの高速で白っぽくなるまで混ぜる。

2 卵を加え、ハンドミキサーの低速で混ぜる。ツヤが出て、もこもこしたらOK。

3 Aの半量を加え、ゴムべらに替えてすくい混ぜる。

4 少し粉っぽさが残っている状態でBを加え、ふた混ぜする。

5 残りのAを加えてすくい混ぜ、粉っぽさがなくなったらハンドミキサーの低速で30秒ほど混ぜる。

6 くるみを加え、ゴムべらでさっとすくい混ぜる。

7 型に流し入れ、型の底を台に軽く落とし、生地を全体に行き渡らせる。トッピング用のバナナを並べ、180度のオーブンに入れ、50分焼く。

8 型に入れたまま完全に冷ます。食べるときに茶こしで粉糖をふる。

バナナブレッド (P.41) の

VARIATION RECIPE

材料（直径18cmの底がはずれる丸型2台分）
バナナブレッドの生地(P.41)…2倍量
［シナモンバタークリーム］
バター（食塩不使用）…100g
粉糖…70g
シナモンパウダー…小さじ1/2

《下準備》
◆ バナナブレッドの下準備と同じ（トッピング用のバナナ約2/3本分は5mm幅の輪切りにする）。
◆ シナモンバタークリームのバターは室温においてやわらかくする。

1 バナナブレッドの作り方**1～6**（P.41）の要領で生地を作る。

2 2個の型に等分に入れ、ゴムべらで平らにならす。1個だけ、飾り用のバナナをのせて軽く押す。180度のオーブンに入れ、45分焼く。型に入れたまま完全に冷まし、取り出す。

3 シナモンバタークリームを作る。ボウルにすべての材料を入れ、ハンドミキサーの高速でふわふわになるまで混ぜる。

4 **2**のバナナをのせていないケーキの、上のカーブしている部分を切り落として平らにする。そこに**3**をのせ、L字パレットでぬり広げる。残りのケーキを重ね、上に**3**をのせ、L字パレットでラフにぬり広げる。

POINT

重ねたときに下になるほうのケーキは、カーブしている上面を切り落として平らにし、重ねやすくする。

下部のケーキの切り口に、クリームを適量のせてL字パレットで平らにぬり広げる。上部のケーキを重ね、上にクリームを落とし、ラフに広げて完成。

SPECIAL BANANA BREAD

特別な日のバナナブレッド

丸型で2台焼き、重ねてボリュームを出します。
バタークリームのデコレーションは、あえてラフに。
さりげない感じが、バナナブレッドらしくて好きです。

【MEMO】
好みで、焼いたあとにバナナを並べた上面にグラサージュ（市販品）、またはアプリコットジャムをラム酒でのばしたものをぬり、ツヤを出しても。

ココナッツケーキ
COCONUT CAKE

4種類のココナッツをこれでもかと加える重ねワザで、ココナッツの香り、味を存分に感じられるケーキです。

材料（18×8×8cmのパウンド型1台分）

バター（食塩不使用）…85g
サラダ油…15g
グラニュー糖…125g
卵…2個
ココナッツミルク…100g

A｜薄力粉…170g
　｜ココナッツミルクパウダー…25g
　｜ベーキングパウダー…小さじ1
　｜塩…ひとつまみ

B｜ココナッツロング…35g
　｜ココナッツファイン…25g
　｜ホワイトチョコチップ（焼成用）…20g

粉糖（仕上げ用）…適量

《下準備》

◆ バターは室温においてやわらかくする。
◆ Aは合わせてふるう。
◆ 型にオーブンシートを敷き（P.17）、オーブンを170度に温める。

ココナッツロング
（上）
ココナッツファイン（中）
ココナッツミルクパウダー（下）

ココナッツの白い果肉を削って乾燥させ、ひも状に細く切ったものが「ロング」。粉末にしたものが「ファイン」。ココナッツミルクを乾燥させたものが「ミルクパウダー」。

1 ボウルにバター、サラダ油、グラニュー糖を入れ、ハンドミキサーの高速で白っぽくなる手前（黄色味が残った状態）まで混ぜる。

2 卵を2回に分けて加え、そのつどハンドミキサーの低速で混ぜる。

3 Aの半量を加え、ゴムべらに替えてすくい混ぜる。少し粉っぽさが残った状態でココナッツミルクを加えて軽く混ぜ、残りのAを加えてすくい混ぜる。少し粉っぽさが残った状態でBを加え、粉っぽさがなくなるまですくい混ぜ、ハンドミキサーの低速で30秒ほど混ぜる。

4 型に入れ、平らにならして型の底を台に軽く落とす。170度のオーブンに入れ、55分焼く。型に入れたまま完全に冷ます。食べるときに茶こしで仕上げ用の粉糖をふる。

ベリーベリーマフィン
BERRY BERRY MUFFINS

生地にベリーを混ぜこみ、クランブルをたっぷりとトッピングしました。
本場はブルーベリーのみですが、カシスも加え、甘みと酸味のコントラストを強調。
クランブルは香ばしさとサクサクとした楽しい食感を演出してくれます。

材料（直径7cmのマフィン型6個分）
マフィン生地(P.21)…全量
冷凍ブルーベリー…100g
冷凍カシス…50g
[**プレーンクランブル**]（作りやすい分量）
薄力粉…40g
グラニュー糖…60g
シナモンパウダー…小さじ1/2
バター（食塩不使用）…30g

《**下準備**》
◆ 生地とプレーンクランブルのバターは室温においてやわらかくする。
◆ 生地のAは混ぜて室温に戻し、Bは合わせてふるう。
◆ 型に専用のグラシンカップを敷き、オーブンを180度に温める。

1 プレーンクランブルを作る。大きめのボウルにすべての材料を入れ、手で
もみほぐしながら粉とバターをすり合わせ、大きめのそぼろ状にする。小
さいボウルなどに移し、冷凍室に30分ほど入れる。使う前に細かくほぐす。

2 ブルーチーズ＆フィグ＆ソルトマフィンの作り方**2**〜**5**(P.21)の要領でマ
フィン生地を作る。

3 **2**にブルーベリーとカシスを冷凍のまま加え、ゴムべらでさっとすくい混
ぜる。

4 型に**3**をディッシャーで等分に入れる。**1**のクランブルをのせ、軽く押さえ
る。180度のオーブンに入れ、30分焼く。型に入れたまま完全に冷ます。

プレーンクラン
ブルは冷凍保存
可能。多めに作っ
てストックしてお
くと、すぐに使え
て便利。

型に生地を重ね入れるときは、下の生地
の上部を指で軽く押さえてならしてからの
せる。

最後にクランブ
ルをのせてオー
ブンへ。

▶**マフィンを型から出すときは…**
冷めたら、マフィン
同士がくっついてい
る部分をパレット
ナイフなどで切り離
し、上部にナイフを
差し込んで浮かせる
ようにして取り出す。

APPLE
CINNAMON
MUFFINS

BANANA
CHOCOLATE CHIP
MUFFINS

アップルシナモン
マフィン

APPLE CINNAMON MUFFINS

りんごと強烈なシナモンの組み合わせが
大好きで、マフィンにアレンジしました。
りんごはあれば、ぜひ紅玉を。

材料（直径7cmのマフィン型6個分）
マフィン生地(P.21)…全量
りんご…150g（小約1個分）
ブラウンシュガー…30g
シナモンパウダー…大さじ3
りんご（トッピング用）…適量

《下準備》
◆ 生地のバターは室温においてやわらかくする。
◆ 生地のAは混ぜて室温に戻し、Bは合わせてふるう。
◆ りんごは8等分のくし形に切ってから2〜3mm幅に切る（a）。トッピング用のりんごは、皮つきのままひと口大の3mm幅に切ったものを、18切れ用意する。
◆ 型に専用のグラシンカップを敷き、オーブンを180度に温める。

1　りんご（a）にブラウンシュガー、シナモンパウダーを加えて混ぜる。
2　ブルーチーズ＆フィグ＆ソルトマフィンの作り方2〜5（P.21）の要領でマフィン生地を作る。
3　2に1を加え、ゴムべらでさっとすくい混ぜる。
4　型に3をディッシャーで等分に入れ、トッピング用のりんごを3切れずつのせて軽く押さえる。
5　180度のオーブンに入れ、30分焼く。型に入れたまま完全に冷ます。

POINT

りんごは煮たりせず、フレッシュなまま加えるのがエイミーズ流。りんごは酸味があって食感のいい「紅玉」がおすすめ。

バナナチョコチップ
マフィン

BANANA CHOCOLATE CHIP MUFFINS

バナナとチョコは、王道の組み合わせ。
モラセスを使って生地と具材が
一体化するよう工夫しています。

材料（直径7cmのマフィン型6個分）
マフィン生地(P.21)…全量
バナナ…150g（小約2本分）
モラセス(P.10)…30g
チョコチップ（焼成用）…50g
チョコチャンク（焼成用）…適量
プレーンクランブル(P.45)…適量

《下準備》
◆ 生地とプレーンクランブルのバターは室温においてやわらかくする。
◆ 生地のAは混ぜて室温に戻し、Bは合わせてふるう。
◆ バナナはマッシャーなどでつぶす。
◆ 型に専用のグラシンカップを敷き、オーブンを180度に温める。

1　ベリーベリーマフィンの作り方1（P.45）の要領でプレーンクランブルを作る。
2　バナナにモラセス、チョコチップを加えて混ぜる。
3　ブルーチーズ＆フィグ＆ソルトマフィンの作り方2〜5（P.21）の要領でマフィン生地を作る。
4　3に2を加え、ゴムべらでさっとすくい混ぜる。
5　型に4をディッシャーで等分に入れ、チョコチャンク、クランブルをのせ、軽く押さえる。180度のオーブンに入れ、30分焼く。型に入れたまま完全に冷ます。

POINT

マッシャーでつぶしたバナナ、モラセス、チョコチップは、あらかじめ混ぜてからマフィン生地に混ぜる。

バターソルトマフィン

BUTTER SALT MUFFINS

塩をきかせたアーモンドクリームをイン。あとから口に広がる塩味が、やみつきになるおいしさです。

材料（直径7cmのマフィン型6個分）

マフィン生地（P.21）…全量
パールシュガー（P.31）
　…適量
バター（食塩不使用・
　トッピング用）…10g
粉糖（仕上げ用）…適量

［ アーモンドソルトクリーム ］（作りやすい分量）
バター（食塩不使用）…50g
ブラウンシュガー…50g
溶き卵…1/2個分
塩…小さじ1
薄力粉、アーモンドパウダー…各35g

《下準備》

◆生地とアーモンドソルトクリームのバターは室温においてやわらかくする。◆トッピング用のバターは5mm角に切り、冷蔵室に入れる。◆生地のAは混ぜて室温に戻し、Bは合わせてふるう。◆型に専用のグラシンカップを敷き、オーブンを180度に温める。

1　アーモンドソルトクリームを作る。ボウルに材料を順に入れ、そのつどゴムべらですり混ぜ、ラップをかけて冷蔵室に入れておく。

2　ブルーチーズ＆フィグ＆ソルトマフィンの作り方2～5（P.21）の要領でマフィン生地を作る。

3　型にパールシュガーを小さじ1ずつ入れ、2をディッシャーで1杯分ずつ入れ、1のアーモンドソルトクリームを約大さじ1/2ずつのせる。さらに残りの2、アーモンドソルトクリーム約大さじ1/2を押しこむように入れ、トッピング用のバターを中央に押しこむようにのせてパールシュガーをふる。

4　180度のオーブンに入れ、25分焼く。型に入れたまま完全に冷ます。食べるときに茶こしで粉糖をふる。

POINT

クリームは、あれば小さいディッシャー（28号）で入れると便利。マフィン生地とクリームは、交互に2回ずつ入れ、トップにはバターとパールシュガーをのせて。

【MEMO】

残ったアーモンドソルトクリームは冷蔵室で約1週間保存可能。パンにぬって焼いてもおいしい。

オレンジアーモンドマフィン

ORANGE ALMOND MUFFINS

生地と交互に重ねたアーモンドクリームとオレンジのおかげで、しっとりジューシーな焼き上がりに。

材料（直径7cmのマフィン型6個分）

マフィン生地（P.21）…全量
コアントローなどの柑橘系リキュール…15g
オレンジ…約2個
アーモンドクリーム（P.21）…約大さじ6
グラニュー糖（トッピング用）…適量

《下準備》

◆生地とアーモンドクリームのバターは室温においてやわらかくする。◆生地のAは混ぜて室温に戻し、Bは合わせてふるう。◆オレンジは皮と薄皮をむく（12房分はトッピング用に、残りはフィリング用に使う）。◆型に専用のグラシンカップを敷き、オーブンを180度に温める。

1 ブルーチーズ＆フィグ＆ソルトマフィンの作り方 **2〜5**（P.21）の要領でマフィン生地を作る。

2 **1**にリキュールを加え、ゴムべらでさっとすくい混ぜる。

3 型に**2**をディッシャーで1杯分ずつ入れ、アーモンドクリームを約大さじ1/2ずつのせ、フィリング用のオレンジを3等分にちぎって入れる。さらに残りの**2**、アーモンドクリーム約大さじ1/2を入れ、トッピング用のオレンジを2房ずつ押しこむようにのせ、トッピング用のグラニュー糖をふる。

4 180度のオーブンに入れ、30分焼く。型に入れたまま完全に冷ます。

生地とアーモンドクリームを1回重ね入れたら、マフィン1個につき、オレンジ1房分を3等分にちぎって入れる。

チョコレートブントケーキ
CHOCOLATE BUNDT CAKE

ブラウニーをケーキにアレンジしたような、濃厚でしっとりとした味わい。
バターに対して卵の量が多いので、卵が生地になじむまで
少し時間がかかりますが、低速でしっかりと混ぜてなじませるのがコツです。

材料（直径20cmのブント型1台分）

A｜ カカオマス…120g
　　 クーベルチュールチョコレート
　　 （スイート・カカオ分58％）…50g
バター（食塩不使用）…110g
グラニュー糖…220g
卵…3個
B｜ 薄力粉…100g
　　 インスタントコーヒー（粉）…小さじ2
　　 ベーキングパウダー…小さじ1/4
　　 ベーキングソーダ…小さじ1/4
　　 塩…ひとつまみ
牛乳…30g

《下準備》
◆ バターは室温においてやわらかくする。
◆ チョコレートは板状の場合、刻む。
◆ Bは合わせてふるう。
◆ 型に室温に戻したバター適量（分量外）をハケでぬり、薄力粉適量（分量外）を
　 茶こしでふり（P.35）、余分な粉をはたく。
◆ オーブンを170度に温める。

1 ボウルにAを入れて湯せん（P.81の作り方**1**参照）にかけ、ゴムべらで混ぜ
　　 ながら溶かし、軽く粗熱をとる。

2 別のボウルにバター、グラニュー糖を入れ、ハンドミキサーの高速でふわ
　　 ふわになるまで混ぜる。卵2個を加え、ハンドミキサーの低速で混ぜる。全
　　 体がもこもことしたら残りの卵を加え、同様に混ぜる。

3 **1**を加え、ハンドミキサーの低速で混ぜ、Bの半量を加え、ゴムべらに替え
　　 てすくい混ぜる。少し粉っぽさが残っている状態で牛乳を加えて混ぜ、残
　　 りのBを加えてすくい混ぜ、粉っぽさがなくなったらハンドミキサーの低
　　 速で30秒ほど混ぜる。

4 型に**3**を入れ、型の底を台に軽く落とす。170度のオーブンに入れ、35分
　　 焼く。型に入れたまま完全に冷ます。

POINT

湯せんにかけたカカオマスとチョコレートは、粗熱をとってから生地に加える。全体に混ざればOK。

生地はゴムべらで1杯ずつある程度落とし入れ、平らにならし、すみずみまで生地を行き渡らせる。これをくり返す。

型から出すときは、型の周りを軽くたたいてからオーブンシートをのせ、手のひらで押さえて裏返す。

ダブルチョコレートブラウニー

DOUBLE CHOCOLATE BROWNIES

焼ききらず半生に仕上げ、リッチな味に。冷やして小さくカットしながら食べるのがお気に入りです。

材料（20×20×4.5cmの角型1台分）

A バター（食塩不使用）…110g
 クーベルチュールチョコレート
 　（スイート・カカオ分58%）…100g
 カカオマス…70g
グラニュー糖…180g
塩…ひとつまみ
卵…3個
インスタントコーヒー（粉）…5g

B 薄力粉…100g
 ベーキングパウダー
 　…小さじ1/4
カカオニブ…40g
チョコチップ（焼成用）…120g
ココアパウダー（仕上げ用）…適量

《下準備》

◆ バターは室温においてやわらかくする。
◆ Aのチョコレートは板状の場合、刻む。
◆ Bは合わせてふるう。
◆ 型にオーブンシートを帯状に敷き（写真）、オーブンを170度に温める。

カカオニブ
カカオ豆を焙煎して粉砕したもの。甘くないほろ苦い味で、カリカリと心地いい食感が特徴。ポリフェノールや食物繊維が豊富。

1 ボウルにAを入れて湯せん（P.81の作り方1参照）にかけ、ゴムべらで混ぜながら溶かし、湯せんからはずして軽く粗熱をとる。

2 グラニュー糖を加えて泡立て器でよく混ぜ、塩を加えて混ぜる。

3 卵を3回に分けて加え、そのつどよく混ぜてなじませる。とろりとなめらかになればOK。インスタントコーヒーを加え、さらに混ぜる。

4 Bを加え、ゴムべらに替えてすくい混ぜる。少し粉っぽさが残っている状態でカカオニブ、チョコチップを加え、粉っぽさがなくなるまですくい混ぜる。

5 型に流し入れ、平らにならして型の底を台に軽く落とす。170度のオーブンに入れ、20分焼く。型に入れたまま完全に冷まし、型からはずして茶こしでココアパウダーをふる。

ベリークラムチーズケーキ

BERRY CRUM CHEESECAKE

クラムのスポンジはパウンドケーキの切れ端などでも OK。ラム酒をたっぷりとかけて、香り高い仕上がりに。

材料（20×20×4.5cmの角型1台分）

クリームチーズ…225g
グラニュー糖…50g
卵…1個
A｜サワークリーム…15g
　｜生クリーム…15g

[ベリークラム]

スポンジケーキ（市販品）…500g
冷凍ブルーベリー（小粒）…100g
冷凍カシス…50g
B｜ラム酒…80g
　｜ガムシロップ…10g

《下準備》

◆クリームチーズとサワークリームは室温においてやわらかくする。◆Aはゴムべらでしっかり混ぜてなじませ、Bは混ぜる。◆型にオーブンシートを帯状に敷き（左ページ）、オーブンを180度に温める。

POINT

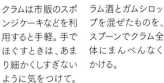

1 ベリークラムを作る。ボウルにスポンジケーキを入れ、手でもみほぐし、ブルーベリー、カシスを加えて混ぜる。型の底に敷きつめ、手でギュッと押し（P.67の作り方2参照）、Bを全体にかける。

2 ニューヨークチーズケーキの作り方1～3（P.37）の要領で生地を作る（コーンスターチ、バニラエクストラクトは加えない）。

3 型に流し入れ、表面を平らにならし、180度のオーブンで20分焼く。

4 型のまま完全に冷まし、型からはずし、ラップでぴっちりと包んで冷蔵室で冷やす。

クラムは市販のスポンジケーキなどを利用すると手軽。手でほぐすときは、あまり細かくしすぎないように気をつけて。

ラム酒とガムシロップを混ぜたものを、スプーンでクラム全体にまんべんなくかける。

材料（約40個分）

バター（食塩不使用）…150g
塩…ひとつまみ
ブラウンシュガー…40g
A | 薄力粉…150g
　 | コーンスターチ…45g
粉糖（仕上げ用）…適量

《下準備》

◆ バターは室温においてやわらかくする。
◆ Aは合わせてふるう。
◆ オーブンは焼く前に160度に温める。

1　ボウルにバターを入れ、ハンドミキサーの高速でふわふわになるまで混ぜ、塩を加え、さらに混ぜる。
2　ブラウンシュガーを加え、白っぽく、ふわふわになるまでハンドミキサーの低速で混ぜる。
3　Aを加え、ゴムべらに替えてすくい混ぜてから最後にすり混ぜる。
4　ラップをかけ、カチカチに固くなるまで冷蔵室に半日ほど入れる。
5　小さいディッシャー（28号）で4をすくい、手のひらで押して天板に落とす。160度のオーブンに入れ、17分焼く。天板にのせたまま粗熱をとる。
6　バットなどに粉糖を入れ、5を入れて転がしながらたっぷりとまぶす。

ショートブレッドボール

SHORTBREAD BALLS

いわゆるスノーボールクッキーよりも
しっかりめの食感で食べごたえを出すのがエイミーズ流。
材料がシンプルなので、ブラウンシュガーでコクをプラスします。
1回で焼ききれない場合、残りの生地は
ボウルに入れたまま冷蔵室に入れておきましょう。

POINT

ディッシャーで生地をすくったら、手でギュッと押して中の空気を抜く。これをしないと、食感がホロホロになりすぎてしまう。

ショートブレッドボール（P.54）の

VARIATION RECIPE

材料（20×20×4.5cmの角型1台分）

バター（食塩不使用）…250g
塩…ひとつまみ
ブラウンシュガー…70g
粉茶…20g
A　薄力粉…250g
　　コーンスターチ…70g
B　粉糖…50g
　　抹茶…5g

《下準備》

◆ バターは室温においてやわらかくする。
◆ Aは合わせてふるう。
◆ 型にオーブンシートを帯状に敷き（P.52）、オーブンは焼く前に160度に温める。

1 ショートブレッドボールの作り方**1**～**4**（左ページ）の要領で、バターをふわふわに混ぜ、塩、ブラウンシュガー、粉茶、Aの順に加えては混ぜ、冷蔵室に半日ほど入れる。

2 型に入れて平らにならし、160度のオーブンに入れ、28分焼く。

3 型に入れたまま粗熱をとり、そっと取り出して茶こしでBをふり、食べやすく切ってそのまま完全に冷ます。

POINT

ブラウンシュガーを加えて混ぜたら粉茶を加え、ハンドミキサーの低速でふわふわになるまで混ぜる。

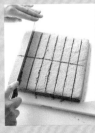

完全に冷めてしまうときれいにカットできないので、手でさわれるくらいになった時点で切るとよい。

GREEN TEA SHORTBREADS

グリーンティーショートブレッド

ニューヨークのカフェやベーカリーでは抹茶味も人気です。
そこで、ショートブレッドを抹茶味にアレンジし、
角型で焼きました。焼いてもお茶の香りが残るように
生地には粉茶を混ぜるのがポイントです。

プレーンスコーン
PLAIN SCONES

外はクリスピー、中はしっとりとした食感のスコーンです。
冷蔵室で寝かせる前の生地は、バターの粒が少し残っている状態が正解。
なめらかになるまで混ぜると、ざくざくとした食感がなくなってしまいます。

材料（6個分）

卵…1個
グラニュー糖…30g
A 牛乳…40g
　 プレーンヨーグルト…40g
B 強力全粒粉…200g
　 ベーキングパウダー…小さじ2
　 塩…ひとつまみ
バター（食塩不使用）…130g
強力全粒粉（トッピング用）…適量

《下準備》

◆ バターは1cm角に切り、冷凍する。
◆ Aは混ぜる。
◆ オーブンは焼く前に180度に温める。

> ▶**フードプロセッサーがないときは…**
> バターは1cm角に切り、すべての材料は直前まで冷蔵室で冷やす。ボウルにBを入れて手で軽く混ぜ、バターを加え、手でバターをつぶしながら粉とすり合わせて混ぜ、あとは同様に作る。

1 ボウルに卵を割り入れ、グラニュー糖を加えてすぐに泡立て器でよく混ぜる。

2 Aを加え、さらによく混ぜる。

3 フードプロセッサーにB、バターを入れ、かくはんする（さらさらに細かくしすぎないように注意）。

4 ボウルに**3**を入れ、**2**を2回に分けて加え、そのつどゴムべらですくい混ぜる。

5 少しまとまってきたら手でまとめ、ラップで包み、冷蔵室で30分〜1時間寝かせる。

6 **5**のラップをはずして6等分し、こねないように気をつけながら丸めて天板にのせる。

7 上を指で軽く押して平らにする。

8 トッピング用の強力全粒粉を茶こしでふり、180度のオーブンに入れ、25分焼く。

オートミール
レーズンスコーン

OATMEAL RAISIN SCONES

オートミールを混ぜるので、食べごたえが
さらにアップ。グリーンレーズンなど
フルーティーなレーズンを使うと美味。

材料（8個分）

卵…1個

グラニュー糖…30g

A ｜ 牛乳…45g
｜ プレーンヨーグルト…45g

B ｜ 強力全粒粉…200g
｜ ベーキングパウダー…小さじ2
｜ 塩…ひとつまみ

バター（食塩不使用）…130g

レーズン…100g

オートミール…30g

オートミール（トッピング用）…適量

強力全粒粉（トッピング用）…適量

《**下準備**》

◆ バターは1cm角に切り、冷凍する。

◆ レーズンは湯につけて戻し、水けを絞る。

◆ Aは混ぜる。

◆ オーブンは焼く前に180度に温める。

1 プレーンスコーンの作り方**1〜3**（P.57）の要領で、
卵にグラニュー糖、Aを順に混ぜ、Bとバターをフー
ドプロセッサーでかくはんする。

2 **1**のフードプロセッサーの生地をボウルに入れ、レー
ズン、オートミールを加えてゴムべらで軽く混ぜ、**1**
の卵液を2回に分けて加え、そのつどゴムべらです
くい混ぜる。少しまとまってきたら手でまとめ、ラッ
プで包み、冷蔵室で30分〜1時間寝かせる。

3 **2**のラップをはずして8等分し、こねないように気を
つけながら丸める。

4 バットなどにトッピング用のオートミールを入れ、**3**
の片面（焼くときに上になる面）をつけてまぶし、天
板にのせ、トッピング用の強力全粒粉を茶こしでふ
る。180度のオーブンに入れ、25分焼く。

オートミール
オーツ麦（えん麦）を
平らに押しつぶし、乾
燥させたもの。食物
繊維が豊富で栄養
価が高く、腹もちも
いい。

Tips and Ideas
for making Bakes

Muffin

Cup
Cake
_

お菓子作りで
大切にしていること

　お菓子を作るときは、まず、焼き上がりのベストな状態を頭に思い描きます。そして、その焼き上がりまでの工程ひとつひとつの意味を考え、ていねいにかつ手際よく進めていけるような段取りを組みます。とても当たり前のことなのですが、何よりも大切なことと思っています。ご家庭での食卓と同じように毎日のことですから、それが感覚的に身体に染みついてくるようになると、お菓子作りもいよいよ深みが増すように感じます。

　次に、道具や材料を大事に扱います。長年愛着を持って使い続けてきた道具は、その積み重ねだけでも大いに信頼感があります。便利なものばかりでまわりを固めすぎないように…。適度な不便さが日々の工夫を生み出し、創意工夫の積み上げがお菓子のおいしさの追求へと直結します。

Pound Cakes

お菓子の発想法

　決して流行は追わずに、こんなお菓子が食べたいと私が思うものを作るようにしています。

　王道の味のお菓子が特に好きですが、そんなお菓子にはどこか当店らしい印象が残るような味わいをプラスします。好きな街、好きな店、好きな音楽…。生活の中にあふれるアイディアが連鎖してこれまでにない新たなインスピレーションにつながることもあれば、そんな感じではない時期もあります。近頃は、新しいレシピは無理に考えずに自然にまかせるようにしています。

　コンセプトは、コントラストと繊細さ。配合や製法を工夫して大味にならないように心がけています。

Shortbreads

Square Cakes

PART 2

THE PLEASURE OF
MY FAVORITES

ずっと作り続けたい私の好きなお菓子

材料の組み合わせや食感のコントラストにこだわった
リッチで大人好みのベイク、
素材の味をシンプルに楽しむ素朴なベイクなど、
私が好きな焼き菓子のレシピ集です。

FRUIT AND VEGETABLE CAKES

[フルーツ、野菜のお菓子]

りんごや柑橘類などのフルーツが好きなので、お菓子の
アイディアがいろいろ浮かんできます。ズッキーニやかぼ
ちゃなどの野菜はアメリカンベイクの王道の食材。水分
代わりの感覚で使い、オイルケーキにもよく合います。

フルーツティーケーキ
FRUIT TEA CAKE

数年前から、お店のクリスマスケーキの定番です。2週間寝かせてからがおいしいので、
クリスマスを待ちわびながら、薄くスライスして少しずつ食べていきます。
フルーツの漬けこみなど手間をかけて作るケーキなので、特別な日にぜひ。

材料（直径17cmのシフォン型1台分）

バター（食塩不使用）…75g
グラニュー糖…50g
ブラウンシュガー…70g
オレンジの皮のすりおろし…1/2個分
卵…1と1/2個
A｜薄力粉…120g
　｜ベーキングパウダー…小さじ1/2
　｜シナモンパウダー、ジンジャーパウダー…各小さじ1
　｜カルダモンパウダー、アニスパウダー…各小さじ1/2
　｜クローブパウダー…少々
　｜紅茶の葉（ミルなどで細かく引いたもの）…15g
　｜塩…ひとつまみ
B｜紅茶の葉…5g
　｜水…80g
　｜オレンジジュース（果汁100％）…45g
　｜レーズン…100g
　｜カレンズ…60g
　｜アプリコット、いちじく（ともにセミドライ）、
　｜オレンジピール…各40g
C｜くるみ…40g
　｜マカダミアナッツ…30g
粉糖…40g
紅茶（濃いめにいれたもの）…10g

1 ボウルにバター、グラニュー糖、ブラウンシュガー、オレンジの皮を入れ、
　ハンドミキサーの高速で白っぽくなるまで混ぜる。
2 卵を2回に分けて加え、そのつどハンドミキサーの低速で混ぜ、生地を白っ
　ぽくなるまで乳化させる。
3 Aの半量を加え、ゴムべらに替えてすくい混ぜる。粉っぽさがなくなった
　ら、紅茶液（50g）を加え、軽く混ぜる。
4 残りのAを加え、ツヤが出るまでよく混ぜる。漬けこんだドライフルーツと
　Cを加え、さらによく混ぜる。
5 型に4を入れ、ゴムべらで平らにならす。170度のオーブンに入れ、40分焼
　く。型に入れたまま完全に冷ます。
6 粉糖と紅茶をよく混ぜてグレーズを作り、5にハケでぬる。オーブンの温
　度を160度に下げて1分焼き、冷ます。

《下準備》

◆ バターは室温においてやわらかくする。
◆ Aは合わせてふるう。
◆ Bの紅茶と水を鍋に入れて火にかけ、
　沸騰したら火からおろし、ふたをして1
　時間ほどおく。茶こしでこして濃い紅茶
　を45g用意する。ボウルに残りのBとと
　もに入れて軽く混ぜ、ラップをしてさら
　に1時間漬けこむ。ざるでドライフルー
　ツと紅茶液に分け、紅茶液は50g用
　意する。
◆ Cはから焼きし（P.12）、くるみは4等
　分に刻む。
◆ 型に室温に戻したバター適量（分量外）
　をハケでぬり、薄力粉適量（分量外）を
　茶こしでふり、余分な粉をはたく（P.35
　参照）。
◆ オーブンを170度に温める。

【MEMO】
型から取り出す方法は、P.27を参照。

レモンスクエア

LEMON SQUARES

きりっとしたレモンの酸味が特徴で、アメリカの伝統的なカジュアルケーキのひとつ。
ねっとりとした生地とサクサクのボトムのコントラストも楽しく、ぜひ作ってほしいお菓子です。
ポイントは、クラストが焼き上がったらすぐにフィリングを流し入れること。
クラストが冷めていると、フィリングが中までしみこみ、2層にならないのです。

材料（20×20×4.5cmの角型1台分）

[**クラスト**]
バター（食塩不使用）…120g
薄力粉…160g
粉糖…40g
レモンの皮のすりおろし
　…5g（約1/2個分）

[**フィリング**]
グラニュー糖…260g
薄力粉…25g
レモン汁…185g
卵…4個
塩…ひとつまみ

粉糖（仕上げ用）…適量

《**下準備**》

◆ バターは1cm角に切り、直前まで冷蔵
室に入れる。
◆ 型の底と側面の立ち上がり全体にオー
ブンシートを敷き
（写真）、オーブンを
180度に温める。

> ▶ **フードプロセッサーがないときは…**
> クラストのすべての材料は直前まで冷蔵
> 室で冷やす。ボウルにすべての材料を入れ、
> 手でバターをつぶしながら粉とすり合わせ
> て混ぜ、あとは同様に作る。

クラストを作る。フードプロセッサーにクラストの材料をすべて入れ、全体がさらさらに細かくなるまでかくはんする。

型全体に**1**を敷きつめ、両手でギュッと押して固める。手が温かい場合は、冷やしてから押すとよい。

180度のオーブンに入れ、軽く焼き色がつくまで20分焼く。

フィリングを作る。ボウルにグラニュー糖、薄力粉を入れ、泡立て器でダマがなくなるまで混ぜる。レモン汁を加え、ゴムべらに替えて混ぜ、なじませる。

別のボウルに卵を溶きほぐし、塩を加えてゴムべらで混ぜ、**4**に半量ずつ加え、そのつどよく混ぜる。

こし器でこす。

3が焼き上がったら熱々のうちに**6**を流し入れ、180度のオーブンに入れ、16分焼く。型に入れたまま完全に冷まし、型からはずして茶こしで仕上げ用の粉糖をたっぷりとふる。

ベリーアップサイドダウンケーキ

BERRY UPSIDE-DOWN CAKES

焼いたあとにひっくり返すと、鮮やかなベリーがぎっしり。
甘いケーキとベリーの酸味がほどよくマッチした、ジューシーなお菓子です。
ベリーは1種類だけよりも、ミックスしたほうが味も見た目もアップします。

材料（20×20×4.5cmの角型1台分）

バター（食塩不使用）…150g
ブラウンシュガー…120g
A｜卵…2個
　｜バニラエクストラクト（P.102）…小さじ1
サワークリーム…100g
B｜薄力粉…110g
　｜アーモンドパウダー…60g
　｜ベーキングパウダー…小さじ1/2
　｜ベーキングソーダ…小さじ1/4
　｜シナモンパウダー…小さじ1
C｜冷凍ラズベリー…200g
　｜冷凍ブルーベリー…160g
　｜ガムシロップ…20g

《下準備》

◆ バターとサワークリームは室温においてやわらかくする。
◆ Cは混ぜ、しばらくおいてベリーを半解凍させる。
◆ Aは混ぜる。
◆ Bは合わせてふるう。
◆ 型にオーブンシートを帯状に敷き（P.52）、オーブンを180度に温める。

1　型全体にCを敷きつめ、マッシャーなどで軽く押す。
2　ボウルにバター、ブラウンシュガーを入れ、ハンドミキサーの高速でふわふ
　わになるまで混ぜる。Aを2回に分けて加え、ハンドミキサーの低速でその
　つど混ぜる。全体がなじんでもこもことしたらOK。
3　Bの半量を加え、ゴムべらに替えてすくい混ぜ、ハンドミキサーの低速で
　ツヤが出るまで混ぜる。サワークリームを加えて混ぜ、なじんだら残りのB
　を加えてゴムべらですくい混ぜる。粉っぽさがなくなったらハンドミキサー
　の低速で30秒ほど混ぜてツヤを出す。
4　1の型に入れ、平らにならして型の底を台に軽く落とす。180度のオーブン
　に入れ、40分焼く。
5　型に入れたまま完全に冷まし、型ごとひっくり返して取り出す。

型にベリーを敷きつめて押す。ベリーは、マッシャーなどで押すと少しつぶれるくらいの解凍状態にしておく。

生地はぽってりとしているので、ゴムべらで真ん中に落としてから、L字パレットなどで平らにならす。

【MEMO】
バニラエクストラクトがない場合は、加えなくてよい。

アップルクランブルケーキ

APPLE CRUMBLE CAKES

甘酸っぱいりんごと、強いシナモンの味の組み合わせが好きなので
いろいろなお菓子を作っています。
シャキシャキのりんごのフィリングをクランブルケーキにプラスし、
素朴な中に、繊細な味わいのあるベイクを紹介します。

材料（20×20×4.5㎝の角型1台分）

バター（食塩不使用）…110g
グラニュー糖…140g
卵…2個
A 薄力粉…200g
　 ベーキングパウダー…小さじ1/2
　 ベーキングソーダ…小さじ1/2
　 塩…ひとつまみ
サワークリーム…200g

[オートミールクランブル]
薄力粉…110g
オートミール…35g
グラニュー糖…75g
ベーキングパウダー…小さじ1
シナモンパウダー…小さじ1
クローブパウダー…少量
バター（食塩不使用）…80g

[フィリング]
りんご…200g
ブラウンシュガー…70g
シナモンパウダー…大さじ2
アーモンドパウダー…20g

《下準備》

◆ ケーキとクランブルのバター、サワークリームは、それぞれ室温においてやわら
　 かくする。
◆ Aは合わせてふるう。
◆ 型にオーブンシートを帯状に敷き（P.52）、オーブンを180度に温める。

1　オートミールクランブルを作る。ボウルにすべての材料を入れ、手でもみ
　 ほぐしながら粉とバターをすり合わせ、大きめのそぼろ状にする。
2　フィリングを作る。りんごは皮をむき、5㎜幅のいちょう切りにし、ボウル
　 に入れる。残りの材料を加え、ゴムべらで混ぜる。
3　別のボウルにバター、グラニュー糖を入れ、ハンドミキサーの高速で白っ
　 ぽくなる手前（黄色味が残った状態）まで混ぜる。
4　卵を1個ずつ加え、そのつど低速で混ぜる。
5　Aの半量を加え、ゴムべらに替えてすくい混ぜ、ハンドミキサーの低速で
　 ツヤが出るまで混ぜる。サワークリームを加えて混ぜ、なじんだら残りのA
　 を加えてゴムべらですくい混ぜる。ハンドミキサーの低速で30秒ほど混ぜ
　 てツヤを出す。
6　5に2を加え、ゴムべらですくい混ぜる。
7　型に6を流し入れ、表面を平らにならす。1のクランブルをのせ、上から軽
　 く押さえる。180度のオーブンに入れ、45分焼く。型に入れたまま完全に
　 冷まし、食べるときに好みで茶こしで粉糖適量（分量外）をふる。

フ ル ー ツ 、 野 菜 の お 菓 子

ズッキーニブレッド

ZUCCHINI BREAD

ズッキーニブレッドは、アメリカではポピュラーなクイックブレッドです。くるみを加え、食感のアクセントに。

材料（18×8×8cmのパウンド型1台分）

A｜ サラダ油…100g
　｜ グラニュー糖…125g
　｜ モラセス（P.10）…10g
B｜ 卵…2個
　｜ バニラエクストラクト
　｜　（P.102）…小さじ1/2

C｜ 薄力粉…120g
　｜ シナモンパウダー…小さじ2
　｜ インスタントコーヒー（粉）
　｜　…小さじ1
　｜ ベーキングソーダ…小さじ1
　｜ ベーキングパウダー…小さじ1/2
　｜ 塩…ひとつまみ
ズッキーニ…150g
くるみ…30g
くるみ（トッピング用）…適量

《下準備》

◆ くるみはから焼きし（P.12）、粗く砕く。
◆ Bは混ぜ、Cは合わせてふるう。
◆ ズッキーニはスライサーなどでせん切りにする。
◆ 型にオーブンシートを敷き（P.17）、オーブンを180度に温める。

【MEMO】
バニラエクストラクトがない場合は、加えなくてよい。

1　ボウルにA、Bを入れ、ゴムべらでぽってりとするまでよく混ぜる。
2　Cを加え、すくい混ぜる。少し粉っぽさが残っている状態でズッキーニ、くるみを加え、ツヤが出るまですくい混ぜる。
3　型に流し入れ、型の底を台に軽く落とし、生地を全体に行き渡らせる。トッピング用のくるみを全体にのせ、180度のオーブンに入れ、45分焼く。型に入れたまま完全に冷ます。

パンプキンブレッド

PUMPKIN BREAD

生地はもっちりとした、少し重めの仕上がりです。かぼちゃは生のまま加え、食感を残します。

材料（18×8×8cmのパウンド型1台分）

A｜ サラダ油…100g
　｜ グラニュー糖…120g
　｜ ブラウンシュガー…25g
　｜ モラセス（P.10）…10g
B｜ 卵…2個
　｜ バニラエクストラクト
　｜　（P.102）…小さじ1

C｜ 薄力粉…120g
　｜ スパイスミックス…大さじ2
　｜ ベーキングソーダ…小さじ1
　｜ ベーキングパウダー…小さじ1/2
　｜ 塩…ひとつまみ
かぼちゃ…180g
レーズン…40g
くるみ…50g

《下準備》

◆ くるみはから焼きし（P.12）、粗く砕く。
◆ Bは混ぜ、Cは合わせてふるう。
◆ かぼちゃはスライサーなどでせん切りにする。
◆ 型にオーブンシートを敷き（P.17）、オーブンを180度に温める。

POINT

かぼちゃは皮つきのまま、スライサーなどでせん切りにして加える。生のかぼちゃは固いので、手を切らないように注意を。

1　ボウルにA、Bを入れ、ゴムべらでぽってりとするまでよく混ぜる。
2　Cを加え、すくい混ぜる。少し粉っぽさが残っている状態でかぼちゃ、レーズン、くるみを加え、ツヤが出るまですくい混ぜる。
3　型に流し入れ、型の底を台に軽く落とし、生地を全体に行き渡らせる。180度のオーブンに入れ、1時間焼く。型に入れたまま完全に冷まし、食べるときに好みで茶こしでパンプキンパウダー適量（分量外）をふる。

【MEMO】
スパイスミックスは、エイミーズでは「シナモン：ナツメグ：ジンジャー：クローブ：オールスパイス＝20：5：2：2：5」の割合のものを使用。バニラエクストラクトがない場合は、加えなくてよい。

ジンジャーケーキ
GINGER CAKE

開店当時は、クリスマスケーキとして提案していましたが、
評判がよく、定番化したお菓子です。
香り高いバーボンをきかせたアイシングをケーキにラフにかけます。
黒と白のコントラストの美しさもお気に入り。
しょうがは皮が筋っぽくなく、つるんとしたものを使ってください。

材料（18×8×8cmのパウンド型1台分）

バター（食塩不使用）…100g
グラニュー糖…100g
モラセス（P.10）…120g
卵…1個
A｜ベーキングソーダ…小さじ1
　｜湯（60〜70度）…120g
しょうが…50g
B｜薄力粉…130g
　｜シナモンパウダー…小さじ1/2
　｜粗びき黒こしょう…小さじ1/4
[バーボンアイシング]
粉糖…80g
バーボン…15g

1　ボウルに溶かしたバター、グラニュー糖、モラセス、卵を入れ、ゴムべらで
　　白っぽくなり、ぽってりとするまで手早く混ぜる。
2　別のボウルにAのベーキングソーダを入れ、分量の湯を加えてボウルを静
　　かに揺らしながら溶かす。
3　1に2を加え、ゴムべらで軽く混ぜる。しょうがを加えて軽く混ぜ、Bを加
　　え、ダマができないように泡立て器で手早く混ぜる。
4　型に入れ、型の底を台に軽く落とす。180度のオーブンに入れ、50分焼く。
　　型に入れたまま完全に冷ます。
5　バーボンアイシングを作る。ボウルにすべての材料を入れ、ゴムべらでな
　　めらかになるまで混ぜる。
6　4を型から出し、ゴムべらで5をかけ、そのまま室温で固める。

《下準備》

◆ Bは合わせてふるう。
◆ しょうがは皮つきのままスライサーなど
　　でせん切りにする。
◆ バターは湯せん（P.81）にかけて溶かす。
◆ 型にオーブンシートを敷き（P.17）、オー
　　ブンを180度に温める。

POINT

しょうがは皮つきのほうが風味が出るので、むかずにせん切りにして加えると、辛味がしっかり立つ。

アイシングはこのくらいの固さがベスト。固すぎたらバーボンを、ゆるすぎたら粉糖を少し加えて調節を。

アイシングはゴムべらでかける。ラフにかけるほうが、質感が出ていい感じに仕上がる。

NUT AND
CHOCOLATE CAKES

[ナッツ、チョコレートのお菓子]

香ばしさとざくざくの食感を楽しめるナッツや、ずっしり
濃厚なチョコを使ったお菓子も飽きることがありません。
ナッツは数種類を一緒に使うことが多く、味に深みが増し
ます。チョコのレシピは、ブラウニーのバリエを紹介します。

ナッツ&チョコレートケーキ
NUTS & CHOCOLATE CAKE

5種のナッツとチョコチップを混ぜこんで焼きます。
ケーキがパサつかず、大味にならないように
サワークリーム入りのしっとりした生地でまとめます。

材料（18×8×8㎝のパウンド型1台分）

バター（食塩不使用）…100g
グラニュー糖…145g
卵…1個
バニラエクストラクト（P.102）…小さじ1/4
サワークリーム…45g
A｜薄力粉…140g
　｜ベーキングパウダー…小さじ1/4
　｜ベーキングソーダ…小さじ1/8
　｜塩…ひとつまみ
B｜卵…1個
　｜牛乳…35g
C｜くるみ…30g
　｜ピーカンナッツ…15g
　｜マカダミアナッツ…30g
　｜カシューナッツ…15g
　｜アーモンドスライス…15g
チョコチップ（焼成用）…40g
チョコレート（仕上げ用）…適量

《下準備》

◆ バターとサワークリームは室温において
やわらかくする。
◆ Aは合わせてふるい、Bはよく混ぜて室
温に戻す。
◆ Cはから焼きし（P.12）、くるみとピーカ
ンナッツは4等分に刻む。
◆ 型にオーブンシートを敷き（P.17）、オー
ブンを170度に温める。

【MEMO】
バニラエクストラクトがない場合は、加えなく
てよい。

1　ボウルにバター、グラニュー糖を入れ、ハンドミキサーの高速で白っぽく
　なるまで混ぜる。
2　卵とバニラエクストラクトを加え、ハンドミキサーの低速で混ぜ、生地を
　白っぽくなるまで乳化させる。サワークリームを加え、さらに混ぜる。
3　Aの半量を加え、ゴムべらに替えて粉が残る程度に軽く混ぜる。Bを加え、
　軽く混ぜる。
4　残りのAを加え、ツヤが出るまでよく混ぜる。
5　Cとチョコチップを加え、よく混ぜる。
6　型に入れて表面を平らにならし、型の底を台に軽く落として生地を全体
　に行き渡らせる。170度のオーブンに入れ、55分焼く。型に入れたまま完
　全に冷まし、取り出す。
7　仕上げ用のチョコレートを溶かし、ゴムべらで6の上からかける。

クラシックブラウニー
CLASSIC BROWNIES

くるみは生地に混ぜこみ、さらに上にも散らしてたっぷりとプラス。
チョコレートを湯せんにかけるときは、中に水が入らないように気をつけて。

材料（20×20×4.5cmの角型1台分）

A ┌ バター（食塩不使用）…110g
　│ クーベルチュールチョコレート
　│ （スイート・カカオ分58％）
　│ 　…100g
　└ カカオマス…70g
グラニュー糖…180g
塩…ひとつまみ
卵…3個
B ┌ 薄力粉…100g
　└ ベーキングパウダー…小さじ1/4
くるみ…100g
くるみ（トッピング用）…60g

《下準備》

◆ バターは室温においてやわらかくする。
◆ くるみはから焼きし（P.12）、粗く砕く。
◆ チョコレートは板状の場合、刻む。
◆ Bは合わせてふるう。
◆ 型にオーブンシートを帯状に敷き（P.52）、
　オーブンを170度に温める。

**クーベルチュール
チョコレート（上）
カカオマス（下）**
クーベルチュールチョコレートは普通のチョコレートに比べてカカオバターの含有率が高く、なめらかでコクがある。この本ではタブレットタイプを使用。カカオマスはピュアなカカオ分。無糖で風味だけをつけられる。

1 ボウルにAを入れ、ボウルの底を湯にあて（湯せん）、ゴムべらで混ぜながら溶かす。湯せんからはずして軽く粗熱をとる。

2 グラニュー糖を加えて泡立て器でよく混ぜ、塩を加えて混ぜる。

3 卵を3回に分けて加え、そのつどよく混ぜてなじませる。右の写真のようにとろりとなめらかになればOK。

4 Bを加え、ゴムべらに替えてすくい混ぜる。

5 少し粉っぽさが残っている状態でくるみを加え、粉っぽさがなくなるまですくい混ぜる。

6 型に流し入れ、平らにならして型の底を台に軽く落とし、トッピング用のくるみを散らして軽く押す。170度のオーブンに入れ、20分焼く。型に入れたまま完全に冷ます。

ブロンディ

BLONDIES

ブロンド色に焼くので「ブロンディ」。
いちごやピスタチオを加え、味と見た目のアクセントをプラスします。
ブラウニーよりも軽い口当たりです。

材料（20×20×4.5㎝の角型1台分）

A｜バター（食塩不使用）…110g
　｜ブラウンシュガー…100g
　｜グラニュー糖…30g

卵…1個

B｜薄力粉…120g
　｜ベーキングソーダ…小さじ1/4
　｜塩…ひとつまみ

C｜チョコチップ（焼成用）…60g
　｜くるみ…15g
　｜いちご（フリーズドライ）…5g
　｜ピスタチオ（ロースト済みのもの）…15g

D｜チョコチップ（焼成用）…30g
　｜くるみ…15g
　｜ピスタチオ（ロースト済みのもの）…15g
　｜いちご（フリーズドライ）…5g

《下準備》

◆ バターは室温においてやわらかくする。
◆ くるみはから焼きし（P.12）、ピスタチオ
　 とともに粗く砕く。
◆ いちごは大きければ、小さく切る。
◆ Bは合わせてふるう。
◆ 型にオーブンシートを帯状に敷き（P.52）、
　 オーブンを180度に温める。

1 ボウルにAを入れ、ハンドミキサーの高速で白っぽくなるまで混ぜる。

2 卵を加え、ハンドミキサーの低速で混ぜる。全体がなじんでとろりとしたらOK。

3 Bを加え、ゴムべらですくい混ぜ、粉っぽさがなくなったらハンドミキサーの低速で30秒ほど混ぜる。

4 Cを加え、ゴムべらですり混ぜる。

5 型に流し入れ、平らにならして型の底を台に軽く落とし、Dを散らして軽く押す。180度のオーブンに入れ、20分焼く。型に入れたまま完全に冷ます。

キャラメルスクエア

CARAMEL SQUARES

レモンスクエア（P.67）をもとにひらめいたお菓子で、
私の好きな濃厚なキャラメルとナッツを組み合わせたバージョンです。
キャラメルクリームには、アメリカンベイキングらしいコーンシロップを使用。
クラストはサクサク、中の生地はねっちり、
トップはナッツの楽しい食感。アメリカらしさが満載です。

材料（20×20×4.5cmの角型1台分）

[クラスト]
バター（食塩不使用）…120g
薄力粉…160g
粉糖…40g
[キャラメルクリーム]
A｜バター（食塩不使用）…120g
　｜ブラウンシュガー…120g
　｜コーンシロップ…70g
　｜はちみつ…75g
卵…3個
ピーカンナッツ…200g
ピーカンナッツ（トッピング用）…40g

《 下準備 》

◆ クラストのバターは1cm角に切り、直前まで冷蔵室に入れる。
◆ キャラメルクリームのバターは室温においてやわらかくする。
◆ ピーカンナッツはから焼きし（P.12）、200gは粗く砕く。
◆ 型の底と側面の立ち上がり全体にオーブンシートを敷き（P.67）、オーブンを180度に温める。

1　レモンスクエアの作り方1〜3（P.67）の要領で、フードプロセッサーでクラストの材料をさらさらに細かくなるまでかくはんし（レモンの皮は加えない）、型に敷きつめ、180度のオーブンで20分焼く。

2　キャラメルクリームを作る。鍋にAを入れて中火にかける。泡立て器で混ぜながら、ブクブクと煮立ってきたらボウルに移し、粗熱をとる。

3　2に卵を1個ずつ加え、そのつど泡立て器でとろりとするまでよく混ぜ、ピーカンナッツを加え混ぜる。

4　1が焼き上がったら熱々のうちに3を流し入れ、トッピング用のピーカンナッツをのせて軽く押す。オーブンの温度を170度に下げ、25分焼く。型に入れたまま完全に冷ます。

POINT

クリームは焦げやすいので、泡立て器で絶えず混ぜる。ここでしっかり煮立たせないと、砂糖が溶けきらず、ジャリジャリとした舌ざわりになってしまう。

コーンシロップ
とうもろこしでんぷんを糖化して作られた液糖。エイミーズでは、はちみつだけだとくどくなるようなときに、一部を置きかえるなどして使っている。

ピーナッツバタースクエア

PEANUT BUTTER SQUARES

ピーナッツバターとジェリーはアメリカのソウルフード。
大好きなレシピをアレンジしました。
ピーナッツバターを生地に入れると強いコクが出て、
ラズベリーの酸味とのコントラストが楽しいベイクです。

材料（20×20×4.5㎝の角型1台分）

A | バター（食塩不使用）…120ｇ
　 | ブラウンシュガー…60ｇ
　 | グラニュー糖…50ｇ
ピーナッツバター
　（無糖・クランチタイプ）…110ｇ
B | 卵…2個
　 | バニラエクストラクト（P.102）…小さじ1
C | 薄力粉…55ｇ
　 | 塩…ひとつまみ
D | ラズベリージャム…50ｇ
　 | バーボン（なければ好みのリキュール）…5ｇ
ホワイトチョコチップ（焼成用）…30ｇ

《 **下準備** 》

◆ バターは室温においてやわらかくする。
◆ B、Dはそれぞれ混ぜる。
◆ Cは合わせてふるう。
◆ 型にオーブンシートを帯状に敷き
　（P.52）、オーブンを170度に温める。

[MEMO] ────────────
バニラエクストラクトがない場合は、加えなく
てよい。

1 ボウルにAを入れ、ハンドミキサーの高速で白っぽくなるまで混ぜる。ピー
　　ナッツバターを加え、さらに白っぽくなるまで混ぜる。
2 Bを半量ずつ加え、そのつどハンドミキサーの低速で混ぜる。もこもこと
　　したらOK。
3 Cを加え、ゴムべらに替えてすくい混ぜ、ホワイトチョコチップを加えてさ
　　らに混ぜる。
4 型に流し入れ、平らにならして型の底を台に軽く落とす。Dを所々に丸く
　　落とし、竹串で模様を描く。
5 170度のオーブンに入れ、25分焼く。型に入れたまま完全に冷ます。

> **POINT**

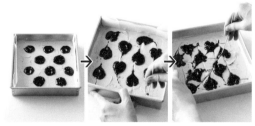

竹串の先がとがっていないほうを使い、落としたジャムの真ん中
を通りながら横→斜めと、ラフに模様をつけていく。

PEANUT BUTTER
SQUARES

CARAMEL
SQUARES

（作り方は P.85）

ALMOND
FINGER CAKES

（作り方は P.90）

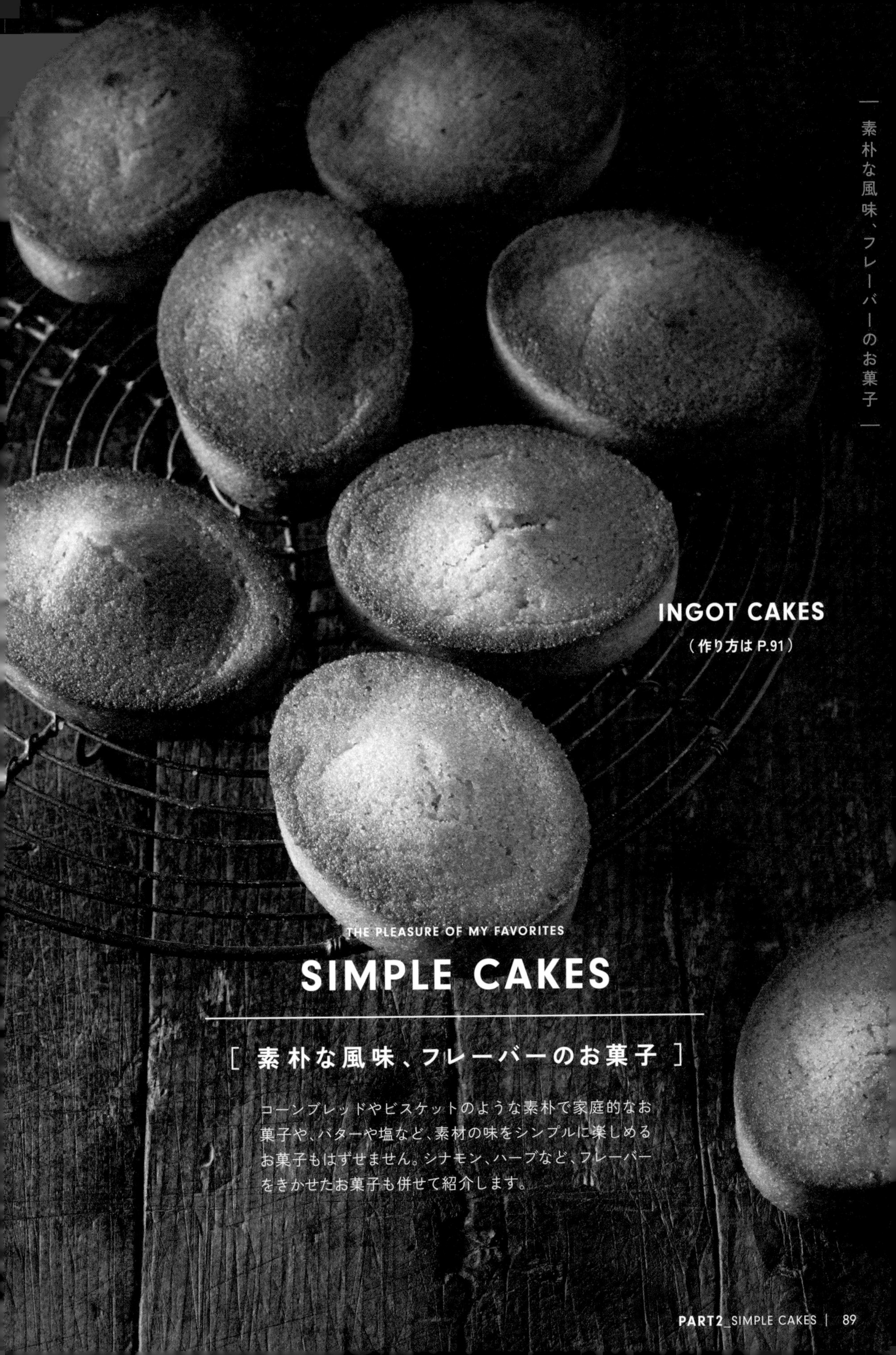

INGOT CAKES

（作り方は P.91）

THE PLEASURE OF MY FAVORITES

SIMPLE CAKES

[素朴な風味、フレーバーのお菓子]

コーンブレッドやビスケットのような素朴で家庭的なお菓子や、バターや塩など、素材の味をシンプルに楽しめるお菓子もはずせません。シナモン、ハーブなど、フレーバーをきかせたお菓子も併せて紹介します。

アーモンドフィンガーケーキ

ALMOND FINGER CAKES

近頃は、小さめのポーションの気軽につまんで食べられるベイクもよく焼きます。
フランス菓子のマドレーヌをアレンジした
シンプル素材のお菓子にひと工夫し、サワークリームでリッチさをプラス。

材料（直径6㎝のベーキングカップ8個分）
バター（食塩不使用）…60g
グラニュー糖…100g
卵…1個
サワークリーム…30g
A｜薄力粉…75g
　｜アーモンドパウダー…30g
　｜ベーキングパウダー…小さじ1/2
　｜ベーキングソーダ…小さじ1/8
　｜塩…ひとつまみ
アーモンドスライス（トッピング用）…24枚

《 下準備 》
◆ バターは湯せん（P.81）にかけて溶かし、粗熱をとる。サワークリームは室温においてやわらかくする。
◆ Aは合わせてふるう。
◆ 天板にベーキングカップを並べ、オーブンを170度に温める。

1 ボウルに溶かしたバター、グラニュー糖、卵を入れ、泡立て器で白っぽくなるまで混ぜる。
2 サワークリームを加え、さらによく混ぜる。
3 Aを加え、ゴムべらに替えてツヤが出るまでよく混ぜる。
4 ベーキングカップに**3**をディッシャーで等分に入れ、表面を平らにならし、アーモンドスライスを3枚ずつ飾る。
5 170度のオーブンに入れ、16分焼く。

インゴットケーキ

INGOT CAKES

こちらもフランス菓子をアレンジした小さなベイク。
バターをしっかり焦がしてコクを出します。
バターミルクパウダーが味に奥行きを出し、ぜいたくな風味を加えます。

材料（7×5cmのオーバル型12個分）

バター（食塩不使用）…130g
卵白…3個分
グラニュー糖…75g
転化糖…15g
A┃薄力粉…25g
　┃アーモンドパウダー…115g
　┃バターミルクパウダー
　┃　…大さじ2
　┃塩…小さじ1/2

**転化糖
（トレモリン）**

結晶化しにくく、保水性の高いペースト状の砂糖。焼き菓子に使うと、しっとり仕上がり、なめらかな口当たりに。

《下準備》

◆ Aは合わせてふるう。
◆ オーブンを170度に温める。

【MEMO】
型は、直径6cmのベーキングカップで代用してもOK。その場合は、天板にベーキングカップを並べて準備する。

1　焦がしバターを作る。鍋にバターを入れ、中火にかける。表面に細かい泡が出て、バターが黄金色になったら火からおろし、ぬれ布巾にのせて粗熱をとる。焦がしたバターの上澄みのみを計量し、100g用意する。
2　ボウルに卵白、グラニュー糖、転化糖を入れ、泡立て器で軽く混ぜる。
3　Aを加え、ツヤが出るまでよく混ぜる。
4　3を丸口金をつけた絞り袋に入れ、型に等分に絞り入れる。
5　170度のオーブンに入れ、13分焼く。型に入れたまま完全に冷まし、取り出す。

POINT

バターを溶かし、さらに加熱すると、ぼこぼこと大きな泡が立ってくる。ふきこぼれないよう、鍋を火から離しながら加熱を続ける。

泡が細かくなって色づいてきたら、30秒ほど加熱して火を止め、余熱でさらにバターが焦げないように、ぬれ布巾にのせて冷ます。濃い茶色の、焦がしバターが完成。

ニューヨーククランブルケーキ

NY CRUMBLE CAKES

クランブルはシナモンをしっかりきかせ、ケーキはどっしり重め。好みでさらにシナモンをふって仕上げても。

材料（20×20×4.5cmの角型1台分）

バター（食塩不使用）…110g
グラニュー糖…150g
卵…2個
バニラエクストラクト（P.102）…小さじ1/2
A　薄力粉…200g
　　ベーキングパウダー…小さじ1
　　ベーキングソーダ…小さじ1/2
　　塩…ひとつまみ
サワークリーム…200g

[シナモンクランブル]
薄力粉…75g
アーモンドパウダー…75g
グラニュー糖…90g
ブラウンシュガー…90g
シナモンパウダー…大さじ3
塩…ひとつまみ
バター（食塩不使用）…85g

《下準備》

◆ ケーキとクランブルのバター、サワークリームは、それぞれ室温においてやわらかくする。
◆ Aは合わせてふるう。
◆ 型にオーブンシートを帯状に敷き（P.52）、オーブンを180度に温める。

POINT

シナモンクランブルはふんわりとのせただけだと、焼いたあとにケーキからはずれてしまうので、軽く押さえておくとよい。

1　シナモンクランブルを作る。ボウルにすべての材料を入れ、手でもみほぐしながら粉とバターをすり合わせ、大きめのそぼろ状にする。
2　別のボウルにバター、グラニュー糖を入れ、ハンドミキサーの高速で白っぽくなる手前（黄色味が残った状態）まで混ぜる。
3　卵を1個ずつ加え、そのつど低速で混ぜ、バニラエクストラクトも混ぜる。
4　Aの半量を加え、ゴムべらに替えてすくい混ぜ、ハンドミキサーの低速でツヤが出るまで混ぜる。サワークリームを加えて混ぜ、なじんだら残りのAを加えてゴムべらですくい混ぜる。ハンドミキサーの低速で30秒ほど混ぜてツヤを出す。
5　型に4を流し入れ、表面を平らにならす。1のクランブルをのせる。
6　180度のオーブンに入れ、45分焼く。型に入れたまま完全に冷ます。

[MEMO]
バニラエクストラクトがない場合は、加えなくてよい。

セイボリースコーン

SAVORY SCONES

しっかりした塩味の食事系スコーン。コーヒーや紅茶はもちろん、ビールやワインとの相性もとてもよいです。

材料（8個分）

卵…1個
グラニュー糖…30g
A | 牛乳…45g
　 | プレーンヨーグルト…45g
B | 強力全粒粉…200g
　 | ベーキングパウダー…小さじ2
　 | 塩…ひとつまみ

バター（食塩不使用）…130g
玉ねぎのみじん切り…100g
ケイパー（できれば塩漬け）…10g
ベーコンの粗みじん切り…25g
サラダ油…大さじ1
C | パセリのみじん切り…大さじ2
　 | 粗びき黒こしょう…少量
強力全粒粉（トッピング用）…適量

《下準備》

◆ バターは1cm角に切り、冷凍する。
◆ フライパンにサラダ油を熱し、玉ねぎとケイパー、ベーコンを炒める。
◆ Aは混ぜる。
◆ オーブンは焼く前に180度に温める。

1　プレーンスコーンの作り方1〜3（P.57）の要領で、卵にグラニュー糖、Aを順に混ぜ、Bとバターをフードプロセッサーでかくはんする。

2　1のフードプロセッサーの生地をボウルに入れ、玉ねぎとケイパー、ベーコン、Cを加えてゴムべらで軽く混ぜ、1の卵液を2回に分けて加え、そのつどゴムべらですくい混ぜる。少しまとまってきたら手でまとめ、ラップで包み、冷蔵室で30分〜1時間寝かせる。

3　2のラップをはずして8等分し、こねないように気をつけながら丸める。天板にのせ、トッピング用の強力全粒粉を茶こしでふる。180度のオーブンに入れ、25分焼く。

エイミーズコーンブレッド
AMY'S CORN BREAD

本場アメリカのものよりも、ふんわり、リッチに仕上げるのがエイミーズ流。
コーンミールだけでは生地のキメが粗くなりすぎるので、
コーンフラワーも加えてふんわり感を出し、サワークリームでリッチテイストに。
私のお菓子教室でも人気があり、焼きたてが一番おいしいので、家でもよく作っています。

材料（20×20×4.5cmの角型1台分）

卵…2個

A｜牛乳…65g
　｜プレーンヨーグルト…65g

B｜サラダ油…30g
　｜バター（食塩不使用）…80g
　｜サワークリーム…100g

C｜薄力粉…120g
　｜コーンフラワー…60g
　｜コーンミール…60g
　｜ベーキングパウダー…小さじ2
　｜ベーキングソーダ…小さじ1/2
　｜グラニュー糖…30g
　｜塩…ひとつまみ

《下準備》

◆バターは室温においてやわらかくする。
◆Aは混ぜ、Cは合わせてふるう。
◆型にオーブンシートを帯状に敷き（P.52）、オーブンを200度に温める。

1 ボウルに卵を割り入れ、Aを加え、泡立て器で軽く混ぜる。

2 別のボウルにBを入れ、ハンドミキサーの低速でしっかりと混ぜる。**1**を2回に分けて加え、そのつどよく混ぜる。ボウルをかたむけたときに、生地がすべらないくらいに混ざればOK。

3 Cを加え、ゴムべらに替えて粉っぽさがなくなるまでさっくりと混ぜる（混ぜすぎに注意）。

4 型に**3**を流し入れ、表面を平らにならす。200度のオーブンに入れ、20分焼く。型に入れたまま粗熱をとる。

コーンフラワー（上）
コーンミール（下）
コーンフラワーは、乾燥させたとうもろこしを粉末状にしたもの。イングリッシュマフィンのトッピングでおなじみのコーンミールは、乾燥とうもろこしの胚乳部分を粒状に粉砕したもの。

POINT

卵液、Bをそれぞれ混ぜてから合わせ、しっかりと乳化させる。分離しやすいので、卵液を2回に分けて加えるのがコツ。

生地を型に流し入れたら、表面をていねいに平らにならす。角に生地がしっかり行き渡るようにすると、焼き上がりがきれい。

こんがりとおいしそうな焼き色がついたら完成。型に入れたまま30分ほどおき、粗熱がとれてから取り出す。

プレーンビスケット
PLAIN BISCUITS

バターは1cm角に切ってから直前まで冷凍しておきます。
生地を混ぜているときにバターが溶けてしまうと、生地がだれて
サクッと焼き上がりません。「生地は手早く混ぜる」のがポイントです。

材料（直径7cmのセルクル6個分）

A｜薄力粉…150g
　｜強力全粒粉…100g
　｜グラニュー糖…15g
　｜ベーキングパウダー…大さじ1
　｜塩…ひとつまみ
バター（食塩不使用）…100g
B｜牛乳…60g
　｜生クリーム…140g
打ち粉（薄力粉など）…適量
牛乳（照り用）…適量

《 下準備 》

◆ バターは1cm角に切り、冷凍する。
◆ Bは混ぜる。
◆ オーブンは焼く前に180度に温める。

> **▶フードプロセッサーがないときは…**
> バターは1cm角に切り、すべての材料は直前まで冷蔵室で冷やす。ボウルにAを入れて手で軽く混ぜ、バターを加え、手でバターをつぶしながら粉とすり合わせて混ぜ、あとは同様に作る。
>
>

> **▶温め直す場合は…**
> アルミホイルに包み、オーブントースターや魚焼きグリルなどで軽く温めると、焼き立てのおいしさが味わえる。
>
>

1

フードプロセッサーにA、バターを入れ、全体がさらさらに細かくなるまでかくはんする。

2

ボウルに**1**を入れ、Bを加えてゴムべらで粉っぽさがなくなり、大きめのダマができるまで混ぜる（練らないように注意）。

3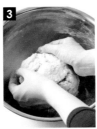

生地を手で軽くまとめる。

4

オーブンシートに**3**をのせて、2cm厚さになるまで手でのばす。

5

生地をラップで包み、冷蔵室で30分～1時間寝かせる。

6

5のラップをはずし、セルクルの先に打ち粉をつけながらムダが出ないように抜き、裏返してから天板にのせる。

7

残った生地は上下の向きを変えずにまとめる（こね合わせたりしないこと）。

8

同様にセルクルで抜き、最後に残った生地は手で丸くまとめる。表面に牛乳を指でぬり、180度のオーブンに入れ、30分焼く。

ハーブビスケット
HERB BISCUITS

ハーブは好みのものを数種類組み合わせてみてください。ワインにもよく合います。

材料（直径7cmのセルクル6個分）

A 薄力粉…150g
　強力全粒粉…100g
　グラニュー糖…15g
　ベーキングパウダー…大さじ1
　塩…ひとつまみ
バター（食塩不使用）…100g
B 牛乳…60g
　生クリーム…140g

C パセリ…8g
　イタリアンパセリ…4g
　ディル…4g
　バジル…4g
　ピンクペッパー…2g
打ち粉（薄力粉など）…適量
牛乳（照り用）…適量

《**下準備**》

◆ バターは1cm角に切り、冷凍する。
◆ Bは混ぜる。
◆ Cのハーブはみじん切りにし、ピンクペッパーは手でつぶす。
◆ オーブンは焼く前に180度に温める。

POINT

生地全体に混ざるように、ハーブは刻んでから加える。ピンクペッパーは手でつぶすと、香りが立つ。

1 フードプロセッサーにA、バターを入れ、全体がさらさらに細かくなるまでかくはんする。
2 ボウルに1を入れ、Cを加えてゴムべらで軽く混ぜ、Bを加え、粉っぽさがなくなり、大きめのダマができるまで混ぜる（練らないように注意）。
3 プレーンビスケットの作り方3〜8（P.97）の要領で、生地を冷蔵室で30分〜1時間寝かせ、セルクルで抜いて180度のオーブンで30分焼く。

レモンメープルビスケット
LEMON MAPLE BISCUITS

レモンの酸味をほどよくきかせて。仕上げにレモンアイシングをかければ、おやつ感がぐっと増します。

材料（直径7cmのセルクル6個分）

A 薄力粉…150g
　強力全粒粉…100g
　グラニュー糖…15g
　ベーキングパウダー…大さじ1
　塩…ひとつまみ
バター（食塩不使用）…100g
レモン汁…10g
メープルシロップ…40g

B 牛乳…60g
　生クリーム…100g
レモンの皮のすりおろし
　…10g（約1個分）
打ち粉（薄力粉など）…適量
グラニュー糖（トッピング用）
　…適量

《**下準備**》

◆ バターは1cm角に切り、冷凍する。
◆ オーブンは焼く前に180度に温める。

POINT

バットなどにグラニュー糖を入れておき、抜いた生地の片面（焼くときに上になる面）をつけて、まぶす。

【 MEMO 】

レモンアイシングをかけるのもおすすめ。レモンアイシングは粉糖80gにレモン汁10gを混ぜ、ビスケットが冷めてからスプーンでラフにかける。好みでレモンの皮のすりおろし適量を散らす。

1 フードプロセッサーにA、バターを入れ、全体がさらさらに細かくなるまでかくはんする。
2 レモン汁とメープルシロップを合わせてゴムべらで混ぜ、Bを加えてさらに混ぜる。
3 ボウルに1を入れ、レモンの皮を加えてゴムべらで軽く混ぜ、2を加え、粉っぽさがなくなり、大きめのダマができるまで混ぜる（練らないように注意）。
4 プレーンビスケットの作り方3〜8（P.97）の要領で、生地を冷蔵室で30分〜1時間寝かせ、セルクルで抜き（牛乳はぬらない）、片面にグラニュー糖をまぶす。180度のオーブンで30分焼く。

THE PLEASURE OF MY FAVORITES

CHEESECAKES

[チーズのお菓子]

クリームチーズを使ったお菓子は魅力があり、私もさまざまなお菓子に使います。ケーキ生地に練りこむと、ねっとりとした独特の食感の、リッチなケーキに。ニューヨークチーズケーキのバリエーションも紹介します。

マーブルチーズケーキ
MARBLE CHEESECAKE

ニューヨークチーズケーキの生地をベースに、
モカ生地を作ってマーブル模様にすると、おしゃれで華やかな表情に。
気軽に、ラフに、模様をつけましょう。

材料（直径18cmの底がはずれる丸型1台分）
ニューヨークチーズケーキの生地(P.37)…全量
クーベルチュールチョコレート
　（スイート・カカオ分58%）…35g
インスタントコーヒー（粉）…小さじ1

《 下準備 》
◆ クリームチーズとサワークリームは室温においてやわらかくする。
◆ A、Bはそれぞれ混ぜ、Cはゴムべらでしっかり混ぜてなじませる。
◆ チョコレートは板状の場合、粗く刻む。
◆ オーブンを150度に温める。

1 ボウルにチョコレートとコーヒーを入れて湯せん（P.81の作り方1参照）に
かけ、混ぜながら溶かし、粗熱をとる。

2 ニューヨークチーズケーキの作り方**1～3**（P.37）の要領で生地を作る。

3 **2**の生地を400g取り分け、**1**に加えてゴムべらで混ぜ、なじませる。ボウ
ルの底を台に軽く落とし、空気を抜く。

4 残りの**2**の生地が入ったボウルの底を台に軽く落とし、空気を抜く。型に約
2/3量を流し入れ、**3**の2/3量を真ん中から流し入れる。残りの**2**の約半量、
残りの**3**、残りの**2**の順に同様に流し入れ、竹串でしずくの模様を7～8個描く。

5 ニューヨークチーズケーキの作り方**4～6**（P.37）の要領で、**4**を150度の
オーブンで55分湯せん焼きし、20分蒸らす。

POINT

プレーン生地とモカ生地を交互に入れ、
最後にプレーン生地を入れる。生地は真
ん中に落とすと、自然に丸くなる。

竹串は先のとが
っていないほうを
使う。型のほうを
動かしながら、定
位置でしずく模
様を描くのがコツ。

リッチバニラブントケーキ

RICH VANILLA BUNDT CAKE

生地にクリームチーズを使ったリッチな食感が自慢のバニラケーキ。
バニラエクストラクトはアメリカのお菓子作りではおなじみの香料。
豊かな甘い香りをつけます。

材料（直径20cmのブント型1台分）

クリームチーズ…100g
バター（食塩不使用）…140g
グラニュー糖…180g

A 卵…2個
　バニラエクストラクト
　　…小さじ2

B 薄力粉…150g
　塩…ひとつまみ

粉糖（仕上げ用）…適量

＊バニラエクストラクトがない場合は、さやから出したバニラビーンズ1/2本分で代用を。

《下準備》

◆クリームチーズとバターは室温においてやわらかくする。◆Aは混ぜ、Bは合わせてふるう。◆型に室温に戻したバター適量（分量外）をハケでぬり、薄力粉適量（分量外）を茶こしでふり（P.35）、余分な粉をはたく。◆オーブンを140度に温める。

1 ボウルにクリームチーズ、バターを入れ、ハンドミキサーの高速でふわふわになるまで混ぜる。

2 グラニュー糖を加え、さらにふわふわになるまで混ぜる。

3 Aを2回に分けて加え、そのつどハンドミキサーの低速で全体がなじむまで混ぜる。

4 Bを加え、ゴムべらに替えてすくい混ぜ、粉っぽさがなくなったらハンドミキサーの低速で30秒ほど混ぜる。

5 型に4を入れ、型の底を台に軽く落とす。140度のオーブンに入れ、45分焼く。型に入れたまま完全に冷ます。

6 型から取り出し、茶こしで粉糖をふる。

バニラエクストラクト
バニラをアルコールなどにつけて抽出、希釈した香料。日本でいうバニラエッセンスのようなものだが、エッセンスよりも濃度が薄いため、使用量は多くなる。

【MEMO】
生地の入れ方、型から取り出す方法は、P.51を参照。

リッチバニラブントケーキ (P.102) の

VARIATION RECIPE

材料（直径20cmのブント型1台分）

リッチバニラブントケーキの材料
　（左ページ・粉糖は除く）…全量
ホワイトチョコチップ（焼成用）…40g
くるみ…30g
冷凍ラズベリー…70g

《下準備》
- ◆ クリームチーズとバターは室温においてやわらかくする。
- ◆ くるみはから焼きし（P.12）、粗く砕く。
- ◆ Aは混ぜ、Bは合わせてふるう。
- ◆ 型に室温に戻したバター適量（分量外）をハケでぬり、薄力粉適量（分量外）を茶こしでふり（P.35）、余分な粉をはたく。
- ◆ オーブンを140度に温める。

1 リッチバニラブントケーキの作り方 **1〜4**（左ページ）の要領で、クリームチーズとバターを混ぜ、グラニュー糖を加えて混ぜる。Aを2回に分けて加えては混ぜ、Bを加え、混ぜる。

2 ホワイトチョコチップ、くるみ、ラズベリーを加え、ゴムべらですくい混ぜる。

3 型に**2**を入れ、型の底を台に軽く落とす。140度のオーブンに入れ、50分焼く。型に入れたまま完全に冷ます。

【MEMO】
生地の入れ方、型から取り出す方法は、P.51を参照。

RASPBERRY WHITE CHOCOLATE BUNDT CAKE

ラズベリーホワイトチョコ
ブントケーキ

リッチバニラブントケーキの生地にホワイトチョコチップ、くるみ、ラズベリーを加えてアレンジ。それぞれの風味や食感が加わって、また違ったおいしさが楽しめます。

パンプキンスパイスチーズケーキ

PUMPKIN SPICE CHEESECAKE

数種類のスパイスをたっぷりと加えた大人味。これはクラストを敷いて、焼き上げます。

材料（直径18cmの底がはずれる丸型1台分）

クリームチーズ…340g

A｜グラニュー糖…100g
　｜コーンスターチ…小さじ2
　｜シナモンパウダー…小さじ1
　｜ナツメグパウダー…小さじ1/4
　｜オールスパイス…小さじ1/4
　｜ジンジャーパウダー…少量
　｜クローブパウダー…少量

卵…2個

B｜パンプキンペースト
　｜　（市販品）…110g
　｜サワークリーム…100g
　｜生クリーム…15g

[クラスト]
グラハムクラッカー…60g
バター（食塩不使用）…20g

《下準備》

◆ クリームチーズとサワークリーム、バターは室温においてやわらかくする。◆ Aは混ぜ、Bはゴムべらで混ぜてなじませる。◆ オーブンを150度に温める。

POINT

クラストは型の底全体に敷きつめ、さらにマッシャーなどで押し固める。

1　クラストを作る。フードプロセッサーにグラハムクラッカーを入れ、細かくなるまでかくはんする。ボウルに移してバターを加え、しっとりするまで手で混ぜる。型に敷きつめ、マッシャーなどで押す。

2　ボウルにクリームチーズを入れ、Aを2回に分けて加え、そのつどツヤが出るまでハンドミキサーの低速で混ぜる（ダマを作らないように注意）。

3　卵を2回に分けて加え、そのつどハンドミキサーの低速で混ぜる。Bを加え混ぜ、最後にゴムべらに替えて混ぜてなじませる。ボウルの底を台に軽く落とし、空気を抜く。

4　ニューヨークチーズケーキの作り方4〜6（P.37）の要領で、3を型に流し入れて150度のオーブンで55分湯せん焼きし、20分蒸らす。

▶フードプロセッサーがないときは…
グラハムクラッカーをポリ袋に入れ、めん棒などでたたいて細かくする。

バナナレモンチーズケーキ

BANANA LEMON CHEESECAKE

レモンをきかせているので、濃厚だけれどしつこくない味わいです。好みで仕上げにシナモンをふって、どうぞ。

材料（直径18㎝の底がはずれる丸型1台分）

クリームチーズ…340g
A｜グラニュー糖…100g
　｜コーンスターチ…小さじ2
　｜シナモンパウダー…小さじ1

卵…2個
バナナ…160g
B｜サワークリーム…100g
　｜レモン汁…5g
　｜ラム酒…10g

《**下準備**》

◆ クリームチーズとサワークリームは室温においてやわらかくする。
◆ A、Bはそれぞれ混ぜる。
◆ バナナはマッシャーなどでつぶす。
◆ オーブンを150度に温める。

1　ボウルにバナナ、Bを入れ、ハンドミキサーの低速で混ぜ、全体をなじませる。

2　別のボウルにクリームチーズを入れ、Aを2回に分けて加え、そのつどツヤが出るまでハンドミキサーの低速で混ぜる（ダマを作らないように注意）。

3　卵を2回に分けて**2**に加え、そのつどハンドミキサーの低速で混ぜる。**1**を加え混ぜ、最後にゴムべらに替えて混ぜてなじませる。ボウルの底を台に軽く落とし、空気を抜く。

4　ニューヨークチーズケーキの作り方**4～6**（P.37）の要領で、**3**を型に流し入れて150度のオーブンで55分湯せん焼きし、20分蒸らす。食べるときに好みで茶こしでシナモンパウダー適量（分量外）をふる。

Amy's Bakeshop History

Amy's Bakeshop ができるまで

　はじめてニューヨークへ行ったのは30年余り前のこと。古きものと新しきものがないまぜになった街の景色、店の佇まい、人々のさりげないセンス…。生き方のインスピレーションをもらい、将来はここに絶対に住もうと決めました。

　本場のベイクと出会ったのもこの頃です。りんごに合わせた強烈なシナモンの香りやクランブルの甘さ。洗練され過ぎることなく人の心をつかむホームスタイルの温かさは、忘れられない私が目指すお菓子の姿の原点です。

　本格的にお菓子を作るようになったのは会社員になってからです。生き方を模索しながらさまざまなことにチャ

レンジしていたこの時期に、思い立ってアメリカンスイーツの教室に通ったことで、ニューヨークでの刺激やこれまでの経験といったピースがベイクの世界とピッタリはまり、道筋がはっきりしました。その後、伝統的なフランス菓子を学び、アメリカンの合理性とフランス菓子の緻密さをミックスしたお菓子作りを研究。たどり着いたのが「素朴で家庭的なアメリカンベイクに独自の繊細さを融合した、ちょっと特別感のあるベイク」でした。そのうち、作ったお菓子を人に差し上げると「お店を開いたほうがいいよ」と声をかけていただくようになり、ベイクショップ開店へ少しずつ意識が向いていきました。

Sour Cream Apple Pie

思い出のサワークリームアップルパイ。最初にニューヨークを訪れた30年前から、ずっと変わらない味です。

ここはニューヨークにあるウィーン風のカフェ。落ち着いたクラシカルな店内で絶品の
アップルストゥルーズルを食べる時間が好きです。

移転後の店舗のファサード（正
面外観）とフラッグ。現在では、
50種類ほどの商品が並びます。

上：ロゴ、パッケージ、ディ
スプレイなど、店舗に関わる
すべてのデザインを考えてい
ます。

下：お店のイメージを固める
ために集めた写真の資料。そ
して、現在のロゴになる前の
検討中のロゴマーク。

　2009年、意を決してベイクショッ
プ開店へ動き出しました。ニューヨー
クで出会った、ちょっと気分が上がる
店のセンスやスタイル、決して「特別」
ではなく、日常の景色に溶けこんでい
るベイクの在り方。ベイクを通じて行
き交う人々の姿。お店のイメージは自
然とわき上がりました。地元の西荻窪
に物件がすぐ見つかり、会社を辞めて
流れるように2010年の7月にエイミー
ズ・ベイクショップをオープン。10種
類ほどのお菓子からのスタートでした。
駅から少し距離がある場所で、喧騒か
ら離れてお菓子作りに没頭した時間
は貴重なものとなり、現在に繋がる多
くのレシピができ上がりました。

　2019年、同じ西荻窪の駅近くに店
舗を移転しました。少しだけ広くなっ
た店内で新たなフェーズを迎えてい
ます。これからも自分らしいスタイル
で、生活に根づいたベイクショップを
提案していけたら幸せだと思います。

Amy's
Bake Style!

New York
Daily Life and Baked goods

ニューヨークのベイク事情

ニューヨークで食べることができるアメリカンベイクのベーシックなものには、ニューヨークチーズケーキ、チョコレートチップクッキー、ブルーベリーマフィン、バナナブレッド、ブラウニーなどがあります。ズッキーニブレッドやコーヒーケーキなど、あまりなじみのないベイクにもよく出会います。これらは、お菓子屋だけでなく、スーパー、コーヒーショップ、フリーマーケット、ベーカリーなど、さまざまな場所で見かけ、生活のシーンを彩っています。今では日本でもめずらしくはありませんが、初めて現地でこの世界に触れたときはとても心が躍りました。

新しいものや流行もありますが、その一方で、昔から変わらない古きよきベイクがきちんと愛され続けられているという空気感に、ニューヨークらしい一面を感じます。

ベーカリーに所狭しと陳列されたベイクの数々。

種類が豊富で楽しいケーキの陳列。ホームスタイルの、なんてことのないさりげなさ。

コーヒーとマフィンの朝。価格はそれほど安くはなく、コーヒーとベイクひとつで10ドルでも驚きません。

スーパーのベイクの陳列風景。使い捨てのトレイごとラップで包んだだけの商品の姿も現地ならでは。

フリーマーケットに並ぶ圧巻のクッキー。大きさは日本の1.5倍くらいと、アメリカらしい存在感。

店員さんとの会話を楽
しめる雰囲気のいいお
店もたくさんあります。

ニューヨークのベイクショップは対面式が一般的です。商品はショーケースや透明のガラスなどで仕切られていて、店員に口頭で注文します。店員がショーケースからそのまま取ってくれたり、その場でカットしたり、奥のラックから焼き立てを持ってきてくれたり、そんな躍動感がたまりません。

コーヒーなどと一緒に、その日に食べる1、2個を包んでもらい、かじりながら店をあとにする人もよく見かけたものです。かしこまったプレゼント用の箱詰めのよさもありますが、なんてことのない茶袋にくしゃっと入れて…。これもニューヨークらしい風景のひとつです。

老舗のレストランでのブランチ。オムレツ
に合わせるのはサクサクのバターミルクビ
スケット。当時は新鮮な組み合わせでした。

コーヒーショップやベーカリーの朝は早く、6時、7時には、出勤前の人々がパソコンや新聞を開き、コーヒーとベイクを楽しんでいます。日中の店先で見かけるリラックスした老若男女の会話の間にも、ベイクがあります。ニューヨークのベイクは「特別」ではなく、生活に根づいたアメリカの「日常」そのものです。

Happy
Bake Life!

EPILOGUE

ニューヨークの空気感、ベイクショップの世界…。好きなものを自分の手で作って生きていきたい、というシンプルな気持ちだけで、多くを望まずに、まずは一歩を踏みだしたお店です。当初は、今も変わらずお菓子を焼き続けている毎日を想像していませんでした。手の中におさまるくらいの温かなサイズ感の中に、そのときできるすべてを投入する、そんなお菓子作りに没頭してきた日々だったと思います。これまで、力強く支え続けてくれた家族やスタッフに心からの感謝を伝えたいです。そして、何よりも当店のお菓子を召し上がってくださった皆さまのお陰で現在のお店があります。

本書は、既刊の『エイミーズ・ベイクショップの焼き菓子』に加筆し、再編成したものです。開店当初によく焼いていたシンプルなアメリカンベーキング色の強いレシピが中心ですが、ホームスタイルのよさを感じられるものとなっていると思います。

タイトルの「100年先も愛される…」は恐縮するばかりですが、一日一日の積み重ねの先にそんな日が来ることを願っています。お菓子そのものが持つ力を信じて…。お菓子が皆さまの忘れられない日の一片を彩ってくれますように。

March 2023 / Amy's Bakeshop: AKIMI YOSHINO

吉野陽美 Akimi Yoshino

ベイク専門店「エイミーズ・ベイクショップ」
オーナー。ベイカー。学生時代に訪れたNYで
本場のアメリカンベイクの味に衝撃を受ける。
会社員として空間デザインの仕事をする傍ら、
ル・コルドン・ブルー東京校で製菓を学ぶ。
独立して2010年に西荻窪にベイクショップを
オープン。アメリカンベイクとフランス菓子の
それぞれのよさを独自にミックスしたレシピと
製法で、焼き菓子の素朴で家庭的な味わいを
大切にしながら、おしゃれにアレンジを提案。
2013年よりベイキングスクールも主宰。10年目
を迎えた2019年に、同じ西荻窪に新店舗をオー
プン。その唯一無二のおいしさに、全国・海外
からもファンが訪れている。
＊本書P.106〜109では、NYの写真も提供。

Amy's Bakeshop
（エイミーズ・ベイクショップ）
〒167-0042
東京都杉並区西荻北3-13-18 1F
https://amysbakeshop.com/

★本書は、既刊の『エイミーズ・ベイクショップの焼き
菓子』（小社刊）より、レシピを厳選し、新たなレシピ
を追加して、より作りやすいように再編集したもの
です。

STAFF

アートディレクション・デザイン　品川美歩
撮影　小林キュウ
校正　聚珍社
企画・編集　鹿野育子

100年先も愛される
エイミーズ・ベイクショップの焼き菓子

2023年3月28日　　第1刷発行

著者　　　　吉野陽美
発行人　　　土屋　徹
編集人　　　滝口勝弘
発行所　　　株式会社 Gakken
　　　　　　〒141-8416　東京都品川区西五反田2-11-8
印刷所　　　大日本印刷株式会社

●この本に関する各種お問い合わせ先
本の内容については、下記サイトのお問い合わせフォームよりお願いします。
　　https://www.corp-gakken.co.jp/contact/
在庫については　Tel 03-6431-1250（販売部）
不良品（落丁、乱丁）については　Tel 0570-000577
　学研業務センター　〒354-0045　埼玉県入間郡三芳町上富279-1
上記以外のお問い合わせは　Tel 0570-056-710（学研グループ総合案内）

学研グループの書籍・雑誌についての新刊情報・詳細情報は下記をご覧ください。
学研出版サイト　https://hon.gakken.jp/